广州图书馆学术丛书

公共图书馆阅读推广制度构建

肖红凌 主编

杨嘉骆 刘双喜 冯莉 张伟 张江顺 编著

国家图书馆出版社

图书在版编目（CIP）数据

公共图书馆阅读推广制度构建 / 肖红凌主编；杨嘉骆等编著 .—
北京：国家图书馆出版社，2024.11
（广州图书馆学术丛书）
ISBN 978-7-5013-7929-3

Ⅰ. ①公… Ⅱ. ①肖… ②杨… Ⅲ. ①公共图书馆 - 读书活动 -
研究 - 中国 Ⅳ. ① G252.17

中国国家版本馆 CIP 数据核字（2023）第 239586 号

书　　名　**公共图书馆阅读推广制度构建**
　　　　　GONGGONG TUSHUGUAN YUEDU TUIGUANG ZHIDU GOUJIAN
编　　者　肖红凌　主编
　　　　　杨嘉骆　刘双喜　冯　莉　张　伟　张江顺　编著
责任编辑　邓咏秋　张晴池
封面设计　项梦怡

出版发行　国家图书馆出版社（北京市西城区文津街 7 号　100034）
　　　　　（原书目文献出版社　北京图书馆出版社）
　　　　　010-66114536　63802249　nlcpress@nlc.cn（邮购）
网　　址　http://www.nlcpress.com
排　　版　北京旅教文化传播有限公司
印　　装　河北鲁汇荣彩印刷有限公司
版次印次　2024 年 11 月第 1 版　2024 年 11 月第 1 次印刷

开　　本　710mm×1000mm　1/16
印　　张　13.75
字　　数　220 千字
书　　号　ISBN 978-7-5013-7929-3
定　　价　98.00 元

序　言

范并思

　　《公共图书馆阅读推广制度构建》即将出版了。这部由广州图书馆员工撰写的理论著作，源于广州图书馆与本人的一次合作。2018 年 11 月，我投标的国家社会科学重大项目"图书馆阅读推广理论与实践研究"有幸获准立项。在项目确立的四个子课题中，就包含"阅读推广制度研究"子课题。申报课题时，各子课题负责人主要是上海地区的专家学者，对此国家哲社办的立项通知中附有专家建议，希望能够"进一步扩大团队成员的分布范围，突破以上海为中心的束缚"。在调研与寻求落实这一建议的过程中，我通过广州图书馆研究与发展部肖红凌老师，了解到方家忠馆长愿率领该馆部分科研骨干参与课题研究的意向。经过一番协商，由广州图书馆组成的"阅读推广制度研究"子项目组正式成立，成为"图书馆阅读推广理论与实践研究"的主要研究团队之一。在 3 年多的合作时间里，广州图书馆团队为图书馆阅读推广制度研究提供了许多闪光的思想，也为"阅读推广制度研究"子课题的顺利结项提供了丰硕的研究成果。这些思想与成果就是本书理论与方法的源头之一。

　　在现代社会科学中，制度（institution）是一个受到众多学科关注的命题，政治学、法学、经济学和社会学等学科都将其当成主要研究对象。图书馆学也是关注制度的学科之一。多学科关注可发掘特定命题的内涵与应用，但是也容易造成概念的多义性，制度这一概念也一样。在权威的词典中，institution 可以指一个组织（机构），也可以指一套规则，还可以指信仰、习俗等。普通人很难理解上述三类范畴的共性。但在亨廷顿（Samuel P. Huntington）等学者眼中，无论机构、规则还是习俗，都是一个人为的、非物质元素组成的系统，它们都代表了社会认可的、对特定群体或个体行为的约束。在我曾关注过的"公共图书馆制度"研究中，"制度"一词更偏重"机构"的含义，即将公共图书馆当成一种保障公民获取知识和信息权利的制度，进而研究该制度框架下政府与公民，或信息生产、传递与利用者之间的关系。而在"图书馆阅读推广制度研究"领域，研究者更偏重制度的"规则"的含义。这也是诺贝尔经济奖得主道格拉斯·诺思（Douglass North）的"制度经济学"中定义的制度。诺思将制度当成保障社会经济活动正常、有序或高效运行的一套"游戏规则"，它可以是社会机构或组织以正式文本形式存在的规则，也可以是以信仰、习俗等非正式方式存在的管理个人行为和构建社会互动的规范。本书依据诺思的制度定义，将图书馆阅读推广制度视为图书馆人从事阅读推广的各种行为规范的统称。但书中对制度的理解与诺思制度经济学的制度定义相比略为狭窄。从内容看，本书中研究的阅读推广制度更偏重政府、行业组织及图书馆等各类社会组织以较正式形式发布的制度文本，基本没有涉及"习俗"一类的制度问题。

图书馆阅读推广有着比较悠久的历史，几乎在近现代图书馆阅读服务产生之初，就有伴随文献外借的"新书推荐"一类服务，以及少量的读者互动活动。但这类服务因规模较小，且不符合图书馆中立性服务的价值观，没有被图书馆学理论界所重视。直到 20 世纪末，面对信息社会越来越大的挑战，图书馆人需要寻找新的服务增长点，拓展新的目标人群。借助社会公众对国民阅读率下降的忧虑，以及政府与社会各界对提升国民阅读率的关注，图书馆人不断拓展阅读服务模式，探索与发展各种形式的读书活动和其他图书馆活动。阅读推广也从文献借阅服务的辅助性服务逐渐发展成为图书馆的主流服务。

图书馆阅读推广与其他图书馆服务的重要区别之一是阅读推广属于活动化服务。图书馆以前的服务，无论文献外借、阅览还是参考咨询，一般依托图书馆长期积累文献信息、专业化的图书馆员等资源，形成相对稳定的服务形态。而图书馆阅读推广则不一样，虽然故事会、读书会、讲座、展览、表演、竞赛、游艺、娱乐、创客活动、真人图书馆等都被当成阅读推广，但它们对图书馆管理与图书馆资源的需求差异很大，这些服务的唯一共性也许就是"活动"。活动作为图书馆新型服务，其服务形态极具动态性，创新是发展这类服务的主要动力。活动化的服务改变了图书馆服务的形态，并对图书馆学研究提出了许许多多新的课题。阅读推广制度研究就是这类新课题之一。

为什么图书馆开展阅读推广需要关注制度问题？其实早在 1997 年，联合国教科文组织关注到埃及全民阅读运动，在开罗召开了全民阅读国际小组会议。教科文组织研究了埃及经验后强调，国家需要的是制订普遍的阅读政策，而不是有限的阅读活动方案，这样才能充分应对全民阅读的挑战。这里说的阅读政策就是本书所说的阅读推广制度，阅读活动方案就是图书馆日常的阅读推广活动。联合国教科文组织对埃及经验的总结表明，在国家层面推动全民阅读，制定相应的政策比开展具体的活动更重要。要理解这点，需要了解图书馆研究与制定阅读推广制度的目的，即阅读推广需要引导与规范。

首先是引导问题。当代图书馆管理与服务发展的主旋律是创新，阅读推广在很大程度上是图书馆服务创新的产物。服务创新使图书馆人摆脱不思进取的职业倦怠心理，冲破传统、保守的图书馆文化的约束，使图书馆能够成为支持社会教育、文化传播的重要力量。创新是图书馆转型发展的强大推动力，也是图书馆阅读推广最常见、最重要的驱动力。从国内外图书馆阅读推广现状看，阅读推广就是图书馆服务创新的成果。因此，在图书馆阅读推广中坚持创新驱动具有重大意义，阅读推广的创新驱动永远不会过时。但是，当今图书馆阅读推广已经发展为图书馆主流服务。阅读推广（或推广活动，下同）已经成为许多国家图书馆行业统计的官方指标之一。在图书馆行业协会的近年的报告、白皮书或指南一类文件中，论及服务必定涉及阅读推广，甚至有些文件仅提阅读推广而不提文献借阅或其他服务。从近年图书馆服务统计看，阅读推广是许多图书馆唯一保持增长态势的指标。阅读推广一旦成为主流服务，早先依托创新驱动的阅读推广发展模式就面临许多新的问题。例如，图书馆创新人才匮乏问题。创新服务对图书馆员基本素质的要求非常高，图书馆创新人才匮乏是普遍状况。特别是在基层图书馆，图书馆员工数量很少，一人需要兼顾文献管理与服务等多项工作，对他们而言，无论是个人创新素养还是工作精力都很难去创建新的活动。据我的调查与观察，基层图书馆开展阅读推广遇到的最主要瓶颈就是人的问题，特别是人的创新能力匮乏的问题。即使是在馆员创新能力极强的城市中心图书馆和高校图书馆，一旦阅读推广活动的规模从每年数场、数十场发展到每年上千、上万场，成为一种日常化的服务方式，其馆员素质也会很难满足创新驱动对人力资源的需求。而图书馆管理通过阅读推广制度建设，有可能将创新驱动的阅读推广模式以制度方式定型与传播，使缺乏足够创新创意能力的图书馆或图书馆部门也能够顺利开展阅读推广。同时，通过阅读推广人的培养与使用制度的建立，还能使图书馆形成稳定的阅读推广人队伍并合理地使用他们，使基层图书馆阅读推广能够获得人力资源保障。通过制度建设形成的图书馆服务考核、评估机制，也能促使各级政府重视图书馆阅读推广活动的开展，使图书馆真正承担起推动、引导、服务全民阅读的法定使命。

其次是规范问题。图书馆阅读推广发展至今，已经到了迫切需要规范的阶段。图书馆，特别是公共图书馆，其开展的服务应该具有法理依据。图书馆开展阅读推广具有创新性，创新服务往往能够受到公众与领导的欢迎，理论界也持包容态度。因此，不少图书馆管理者和图书馆员便以为，只要受到读者欢迎的服务，就是天然合理的服务。这其实是一个认识误区。由公共资金支持的图书馆，其服务的选择受到资金支持的制约。现代社会将公共资金交给图书馆，是希望它们开展知识、信息或阅读服务。如果图书馆服务创新远离了这一初衷，就是缺乏法理支撑的服务。在阅读推广的早期，图书馆人探索性地开展某些与阅读服务有些距离的服务，如纯娱乐服务，我们可以将其理解为探索或实验，理解为图书馆人试图通过探索，寻找与图书馆公益阅读服务、知识与信息服务性质相关联的新型服务。因此，社会可以有限接受这种探索。此外，社会的公共资金支持的保障性服务有许多，为保障服务的专业性，获得更高的服务效率，社会成立了不同类型的机构以承担不同的服务使命，如学校承担教育服务，医院承担健康服务，博物馆、文化馆、图书馆也分别承担着不同的文化服务使命。虽然图书馆阅读推广有时可以有限地超越自己的服务边界，但一般被理解为是阅读推广早期的某种探索。一旦阅读推广成为主流服务，过多开展与阅读无关的活动，或跨界服务，会极大地影响图书馆承担阅读服务的使命，降低图书馆阅读服务的效率，久而久之必定受到公众与主管部门的质疑。为促使图书馆阅读推广能够成为图书馆履行使命的服务，就需要制定阅读推广制度，以制度来规范图书馆阅读推广，告诉图书馆人什么样的阅读推广是好的，是值得大力发展的；什么样的"阅读推广"是应该避免的、只能有限尝试的；还有什么样的阅读推广可以通过图书馆员的努力，使其转化为图书馆阅读服务的一部分。对各种阅读推广活动进行规范应在整个图书馆行业进行，而不是在个别图书馆或图书馆部门内进行，只有通过阅读推广制度，才能确保这种规范被有效实施。

除了实践中的引导与规范，阅读推广制度研究与制度建设还有一个重要的作用，就是促进图书馆阅读推广的专业化发展。图书馆职业是一门专业性的职业，其特征之一是其管理与服务受到专业理论的指导。图书馆服务不会一成不变，随着社会环境的变化，新的服务会不断产生。一般而言，一种新型图书馆服务出现后，图书馆学需要对其进行全面、深入的理论研究，包括基础理论研究与应用研究。从理论方面，需要探讨这一服务的基本概念、原理及法理问题，建立指导其应用的基础理论，并将其纳入图书馆学的理论体系。从应用方面，则需要探讨其应用的方法、技术及支撑条件，指导图书馆建立适应其发展的内外环境。在图书馆学历史上，无论情报服务的出现还是信息技术的出现，图书馆学都非常及时地进行了系统的研究，并用研究成果丰富或改造了图书馆学理论体系。有些不巧的是，阅读推广发展成为图书馆主流服务的时代，正是图书馆学研究全面转向信息服务特别是信息技术服务的时代，信息技术的迅速发展几乎吸引了图书馆学家的全部注意力。大学图书馆学院系和图书情报研究机构的研究者原本是图书馆学研究的精锐，但这批精锐大多转向了与信息技术相关的图书馆学研究。这一背景，使得国内外图书馆阅读推广研究在较长时间内停留在对单一活动的案例介绍或案例研究，稍有规模的研究则是对服务、用户的调研，而很少涉及学科与专业建设层面的理论研究。图书馆阅读推广一直没有被国内外图书馆学接纳并作为其管理与服务理论体系的组成部分。图书馆阅读推广制度这样重要的研究领域，也一直没有引起国内外图书馆学的重视。好在当前国际图书馆学理论的发展已经摆脱了对图书馆学院系学者的深度依赖，图书馆实践部门的研究者的理论探索已经成为图书馆专业理论建设的重要组成部分。广州图书馆团队对图书馆阅读推广制度的系统化研究成果，就是证明之一。

最后谈谈本书所涉及的图书馆阅读推广的制度研究框架问题。系统研究图书馆阅读推广制度涉及研究框架的构建问题，这一构建一般源于研究者对阅读推广制度的划分方式。通常的阅读推广制度划分方式有：①按制度主体层次划分。依据制定图书馆阅读推广制度的主体层次，可以将阅读推广制度分为三个层面，首先是政府层面的制度，主要是各级政府的法律法规、政策、标准、规划等行政文件；其次是行业层面的制度，如各级各类图书馆行业管理组织，包括行业协会、理事会、管理委员会等制定的标准、指南、规范等；最后是图书馆层面，包括单一图书馆或区域性图书馆系统制定的规章制度等。②按阅读推

广类型划分。图书馆阅读推广包括许多类型，如节庆活动、读书活动、竞赛 /
表演活动、手工 / 制作类活动、讲座 / 展览类活动等。国际上，在图书馆行业
层面或图书馆层面的制度，往往会具体到其一阅读推广的类型。③按业务流程
划分。图书馆阅读推广一般以活动形式存在，根据活动管理理论，可以将活动
流程拆分为创意管理、策划管理、活动实施管理、品牌与营销管理、总结与评
估等。这种划分方式并不普遍，但更具有专业性。本书研究者经过认真讨论，
最终选择了以阅读推广制度要素作为框架。以要素构建理论框架是中国图书馆
学最熟知的方式，如刘国钧先生的图书馆学五要素。图书馆开展阅读推广，依
托的基本要素包括阅读推广内容、主体（馆员或阅读推广人）、客体（受众或
读者）和空间场所等。阅读推广制度对于管理者的引导与规范，均可以分解到
这 4 个要素中。因此，本书的基本结构依据制度要素而设，第 1、2 章为讨论
公共图书馆阅读推广制度理论，第 3—6 章分别对公共图书馆阅读推广制度的
内容、馆员、读者和空间进行讨论，第 7 章则讨论了公共图书馆服务体系的阅
读推广制度这一延伸问题。这一框架解决了研究者研究阅读推广制度的许多难
点，支撑着他们完成了阅读推广制度的艰难探索。本书所展示的阅读推广制度
研究的理论体系和研究内容，极大地丰富了图书馆阅读推广制度理论。当然这
一框架也有其局限，这些局限也许就是本书的研究远未穷尽公共图书馆阅读推
广制度的全部理论问题的根源之一。

　　尽管本书在研究的系统性和理论深度方面存在一些不足，但将它置于当代
国际图书馆学背景下考察，本书初步奠定了图书馆阅读推广制度建设与制度研
究在图书馆学理论体系中的地位，是图书馆阅读推广领域不可多见的具有前沿
性与开拓性的理论成果。祝贺广州图书馆团队阅读推广制度研究成果的问世！

2022 年 5 月 31 日

目　录

1 规范管理：从传统服务到阅读推广

1.1 公共图书馆阅读推广制度概述

1.1.1 阅读推广成为公共图书馆主流服务

可以获得的国内外统计均已表明，自 20 世纪 90 年代以来，尽管信息环境的变化使公众对图书馆的需求发生了变化，多项服务指标处于零增长或负增长的状态，但阅读推广活动的数量与参加人数这两个指标都保持着高速增长。在我国，公共图书馆阅读推广的发展深受外部环境的影响，如 2011 年公共图书馆全面免费开放，2012 年党的十八大报告提出"开展全民阅读活动"，2014年政府工作报告提出"促进基本公共文化服务标准化均等化，发展文化艺术、新闻出版、广播电影电视、档案等事业，繁荣发展哲学社会科学，倡导全民阅读"。这些举措都对推动图书馆阅读推广产生很大影响。同时图书馆阅读推广也有内在驱动力，这就是创新驱动。过去 20 多年，"面对信息环境变化及随之而产生的用户需求变化，图书馆人将阅读推广作为应对挑战的重要手段，推动阅读推广活动的类型不断拓展，质量不断提高，目标人群日益丰富"[①]。

从各种数据来看，目前，发达国家图书馆阅读推广（或推广活动）的服务体量超过了文献借阅等传统服务，我国的阅读推广服务也正在迅速发展，日趋成为图书馆的新型主流服务。据文化和旅游部每年发布的《中华人民共和国文化和旅游部文化和旅游发展统计公报》，2017 年全国公共图书馆全年共为读者举办各种活动 155590 次，比上年增长 11.1%；参加人次 8857 万，比上年增长 24.1%。2018 年全年共为读者举办各种活动 179043 次，比上年增长 15.1%；参加人次 10648 万，比上年增长 20.2%。2019 年全年共为读者举办各种活动 195732 次，比上年增长 9.3%；参加人次 11786 万，比上年增长 10.7%。2020

---

① 范并思.阅读推广：从创新驱动到制度保障[J].图书馆建设,2020(5):49-52.

年受新冠疫情影响，全年公共图书馆全年共为读者举办各种活动150713次，比上年下降23.0%；参加人次9279.33万，比上年下降21.3%。2021年公共图书馆人努力克服疫情影响，全年共为读者举办各种活动202568次，比上年增长34.4%；参加人次11892.49万，比上年增长28.2%，举办活动的数量和参加人次都超过了疫情发生前的2019年[①]。纵观5年的数据，排除受疫情影响的因素，阅读推广一直在蓬勃发展。

随着图书馆阅读推广日益发展为主流服务，其创新驱动模式将面临可持续发展的问题，各种创新也必须接受社会科学学科和图书馆学学科的专业审视。创新驱动的阅读推广活动要进一步提升服务质量，不仅自身需要优化流程、提升绩效，同时还需要梳理其与图书馆的使命、愿景或核心价值的关系，需要理顺与其他图书馆服务的衔接配合。图书馆的创新服务一旦经过实践检验，被证明符合图书馆的使命与价值，具有良好绩效，为公众所欢迎，图书馆就应该通过制度建设，将这些服务的资源与流程固化。

1.1.2 制度建设与研究贯穿公共图书馆发展历程

（1）制度是价值规范的具体细化

在社会科学领域，各个学科对"制度"这一术语赋予不同的内涵。在经济学中，制度主要是指"对经济生活有重要影响的具体规则和习惯，是指能够促进资源有效配置和经济增长的制度安排"，"是人们从事社会经济活动的规则及约定俗成的习惯，是由人创造的，并用来限制人们之间经济交流行为的框架"[②]。诺贝尔经济学奖得主道格拉斯·诺思自20世纪90年代转向社会制度和经济制度的研究，他的《制度、制度变迁和经济绩效》是制度理论的经典。诺思认为，"制度是一个社会的游戏规则，更规范地说，它们是为决定人们的相互关系而人为设定的一些制约"，"制度通过向人们提供一个日常生活的结构来减少不确定性。制度是人们发生相互关系的指南"，"制度在一个社会中的主要作用是通过建立一个人们相互作用的稳定的（但不一定是有效的）结构来

---

① 文化和旅游发展统计公报［EB/OL］.［2022-12-12］.http://www.gov.cn/.

② 谢地.制度:现代经济学的故事［M］.长春:吉林人民出版社,1996:2-3.

减少不确定性"①。

在我国，普遍适用的"制度"的内涵为《辞海》中的定义："制度是要求成员共同遵守的、按一定程序办事的规程。如工作制度；学习制度。"②广义上，国家体制、法律、条例、章程、规范、指南、规则、标准及岗位职责都可以被视为制度。狭义上，制度则指依照法律、法令、政策制订的具有指导性、约束力与实操性的规程。无论是广义还是狭义的制度，都指向规范性这一范畴，包含着行为上的"必须应当"，确定了哪些行为是被允许的、哪些行为是被禁止的，并且包括相应的保护和惩戒措施。

对行为主体来说，制度具有普遍适用性和强制约束力。健全的制度能够维护正常的工作、劳动、学习、生活秩序，保证国家各项政策的顺利执行和各项工作的正常开展。制度建设是把具有普遍意义的价值规范具体化、细化到人们的政治、经济、文化、社会生活当中③，转化为人们行动应遵循的一项根本性实践机制。公共图书馆服务是中国特色社会主义新时代重要的公共文化服务内容，提供高质量的公共图书馆服务必须有相关的制度支撑。图书馆制度是为加强图书馆管理而制定的要求工作人员和读者必须共同遵守的规范，是图书馆科学管理的依据和准绳，是图书馆赖以有序运转并促进事业发展的保证④。

（2）公共图书馆制度建设情况概述

公共图书馆是向社会公众免费开放，收集、整理、保存文献信息并提供查询、借阅及相关服务，开展社会教育的公共文化设施。自图书馆存在之日起，就有了图书馆制度，否则图书馆就无法运行，寸步难行。图书馆制度是在图书馆实践中根据需要不断形成和扩展的，由少到多，由简到繁，由单一到配套。它是图书馆实践的汇总，是图书馆发展规律的汇编，是图书馆管理水平不断提高和科学化、标准化管理不断成熟的标志，是图书馆人智慧的体现⑤。

黄宗忠先生将图书馆制度的发展分为三个阶段：第一阶段为封闭守藏时期

① 诺思.制度、制度变迁与经济绩效[M].杭行,译.上海:格致出版社;上海人民出版社,2016:3-7.

② 辞海编辑委员会.辞海[M].1979年版.缩印本.上海:上海辞书出版社,1980:185.

③ 吴汉锋.价值规范有效性的实践机制[J].当代中国价值观研究,2019(2):20-27.

④ 蔡红梅.加强图书馆制度建设的几点思考[J].图书馆研究与工作,2014(2):25-26.

⑤ 黄宗忠.论图书馆制度[J].图书馆论坛,2008(6):1-4,55.

的制度。这个时期西方在 17 世纪前，中国在 19 世纪末之前。这一时期图书馆偏重藏，虽然也有利用，但限制较多，不论王室、寺院、教会、书院（学校）、私人图书馆都如此。因此图书馆制度比较简单，偏重图书保存典藏的一些规定，使用制度较少，对图书收藏、目录编制已形成一些制度。第二阶段为逐步走向开放，重视读者阅读时期的制度。这个时期西方从 17 世纪开始，至 20 世纪初期；中国从 19 世纪末开始，至 20 世纪 80 年代。这个时期图书馆制度的主要特点：一是范围不断扩大。由一馆扩大到系统，由系统扩大到国家，由国家扩大到地区。均先后相继出台图书馆制度，以规范国家甚至地区图书馆的某些业务标准、规程与管理。二是内容不断深化和细分，图书馆办馆条例和各种业务工作规程、标准相继产生。如 1676 年戈特弗里德·威廉·莱布尼茨（Gottfriend Wilhelm Leibniz，1646—1716）在任德国汉诺威图书馆馆长时就坚持系统的图书采购制度。1753 年建立的大英博物馆图书馆有一套很好的收藏制度，坚持呈缴本制度。乔治·赫伯特·普特南（George Herbert Patnam，1861—1955）自 1899 年接任美国国会图书馆馆长，任职 40 年，为国会图书馆建立了一系列规章制度，使国会图书馆成为世界图书馆的典范。我国 1898 年至 1949 年间先后发布的图书馆规章条例达 20 个；中华人民共和国成立后，1949 年 10 月至 1978 年，国务院及中央各部委发布的图书馆规章条例达 30 多个。三是向图书馆服务倾斜。1892 年，英国的詹姆斯·达夫·布朗（James Duff Brown，1862—1914）站在读者的立场，主张采用借阅开架制，不久被欧美图书馆广泛采用。20 世纪 20 年代，馆际互借制度开始推行，1916 年英国国立中央图书馆向小馆出借图书。30 年代后期，北美与欧洲的一些研究图书馆进行协商，凡是使用频率不高的资料，由馆际间分工协作，予以收藏，并随时供需要者使用。第三阶段为以读者服务为中心和新技术广泛应用于图书馆各个领域时期的制度。这个时期西方从 20 世纪初期至今，中国从 20 世纪 80 年代至今。随着科技的进步，缩微技术、视听技术、信息技术、网络技术、人工智能先后被引进图书馆，广泛应用于图书馆的诸多方面。为了对新产生的微缩文献、视听文献、数字文献、网络文献进行采购、整理、典藏与利用，为读者提供更加便捷高效的服务，图书馆便产生了一批新的图书馆规章制度。另一方面，随着社会的发展和人们理念的变化，以人为本、尊重人权、知识自由、保护个人隐私、提倡社会公正平等、民主、法治等思想为社会广泛接受。图书馆由此提出以读者为本、服务第一、知识自由存取、维护读者权益、保护个人隐私、平等服务于全社会、免费服务、人性化服务、便捷化服务等理念。为了使各个图书馆按这些理念办事，并将其作为行为准则，美国图书馆协会 1948 年就制定了《图书馆权利法案》，并分别在 1961 年、1980 年、1994 年三次进行重申；1953 年美国图书馆协会又发表《关于阅读自由的声明》。1949 年联合国教科文组织首次发布的《公共图书馆宣言》（于 1994、2022 年分别修订），1999 年国际图联、联合国教科文组织联合发布的《中小学图书馆宣言》，1999 年国际图联发布的《图书馆与知识自由的声明》，2002 年发布的《关于图书馆、信息服务与知识自由的格拉斯哥宣言》等，都充分反映了上述思想。联合国教科文组织、国际图联要求各个国家和地方的图书馆认真贯彻和落实上述宣言、声明所表述的各项原则[1]。

（3）21 世纪以来我国公共图书馆制度研究日益深化

21 世纪以来，我国图书馆人对图书馆制度做了诸多梳理和研究。黄宗忠从总体着眼，研究图书馆制度的含义、发展历程、功能与特征、划分与种类及如何加强我国图书馆制度建设等问题，并进一步探究在继承的基础上，根据时代发展和图书馆实践的需要，创新建设适应公共图书馆发展的制度体系等问题[2]。李桂华等从图书馆服务制度的价值创新、我国图书馆现行服务制度配置情况、图书馆专项服务制度设计、图书馆服务制度建设任务分析等多个角度，对图书馆制度的价值及微观制度建设进行了研究[3]。朱明研究认为，国外图书馆管理制度有效性的研究可划分为三类：①以结构性要素为基础，侧重考察制度过程和成本机制对图书馆管理制度有效性的影响；②以环境性要素为基础，侧重考察合法性基础和模仿机制对图书馆管理制度有效性的影响；③以认知性要素为基础，侧重考察认知能力和共识框架对图书馆管理制度有效性的影

---

① 黄宗忠.论图书馆制度[J].图书馆论坛,2008（6）:1-4,55.
② 黄宗忠.创新公共图书馆制度[J].图书馆建设,2008（12）:51-55.
③ 李桂华.论图书馆服务制度之价值创新[J].国家图书馆学刊,2010（3）:63-67;杨雅,李桂华.我国图书馆服务制度配置模式调查与分析[J].国家图书馆学刊,2011（3）:9-13;夏圆,李桂华.图书馆参考咨询服务制度设计[J].国家图书馆学刊,2011（3）:19-24;范炜,李桂华.图书馆知识服务流程再造及其制度优化对策[J].情报资料工作,2011（5）:76-79,87;李桂华,彭文凤,郭桑.图书馆服务制度建设任务分析:基于关键事件分析法[J].中国图书馆学报,2011（4）:50-59.

响①。概括研究要义，公共图书馆制度建设的主要内涵包括：①对服务流程进行事前的运行机制设计，并依赖可靠的资源来保障这种制度安排的顺利实施；②从制度层面去构架促进服务过程中与服务对象交流与沟通的桥梁，让双方可以对目标进行必要的权衡取舍；③从制度层面强化事后对服务"契约"执行情况的评估，合理评价馆员的服务情况②。李超平认为，整肃图书馆规章制度是一件于图书馆和读者都有利的事情，于图书馆之"利"在于对外树立图书馆制度文明的形象，体现图书馆之人文精神，增强图书馆的亲和力；对内营造了良好的管理环境与工作环境，消除工作人员与读者发生纠纷的因素，营造和谐氛围。建议将图书馆规章制度的研究纳入中国图书馆学会学年会的议题，进行理论上的准备；将图书馆规章制度的文明、规范程度纳入图书馆评估体系，通过评估来促进图书馆的制度文明建设；由中国图书馆学会推出样板，以样板图书馆的"标杆"作用来推动全国图书馆的制度文明建设③。

纵向看来，公共图书馆制度建设与研究是图书馆研究的一项重要内容，对于推动图书馆管理与服务具有不可或缺的作用。

1.1.3　公共图书馆阅读推广制度建设情况调研

（1）公共图书馆阅读推广制度对阅读推广实践有序开展具有指导作用

公共图书馆阅读推广制度是公共图书馆制度的重要组成部分，目前，业内对于公共图书馆的阅读推广制度还没有明确的定义。黄晓新借用社会学的"社会控制"概念来描述"阅读控制"，即社会力量（包括政府、社会组织等）通过一定的方式（直接和间接的）和手段（包括强制和非强制）作用于人的社会阅读活动系统，使人的阅读活动系统自身规范化，以适应当时当地的社会规范，使之为社会服务，从而维护整个社会活动秩序的过程④。该描述侧重从阅读活动本身进行规范。公共图书馆是为公众提供阅读服务的重要机构，由于公共图书馆阅读推广以一种动态性极强的创新服务形态出现，以往图书馆学推动事业发展的"实践—理论—实践"的方式不再有效。现在的图书馆学更多的是

---

① 朱明.国外图书馆管理制度有效性研究述评［J］.图书情报工作,2015（18）:142-147.

② 陈天伦.不完全契约视角下的公共图书馆信息服务研究［J］.图书馆,2015（9）:87-89,98.

③ 李超平.关于推进图书馆事业发展的几个提案［J］.图书与情报,2007（4）:57-60.

④ 黄晓新.阅读的社会控制:概念、目标、缘由和内容［J］.出版发行研究,2021（4）:25-31.

以推动阅读推广制度建设的形式，尝试地介入和指导阅读推广的实践。本课题组认为，公共图书馆阅读推广制度是要求参与公共图书馆或公共图书馆服务体系阅读推广的行为主体（包括馆员、读者及阅读推广人等相关者）在实施阅读推广行为过程中共同遵守的、按一定程序操作的规程或行动准则。其目的是使阅读推广活动有序进行，减少活动绩效低下、读者满意率低等问题，按计划按要求达到预期目标。

阅读推广制度的表现形式是制定成文并具备合法性的关于阅读推广服务的符号性规范。阅读推广制度可分为若干层次，它们包含：第一，政府促进图书馆阅读推广的政策、法律法规、管理体制设计等；第二，行业管理部门或图书馆行业协会用于规范图书馆阅读推广的标准、指南、战略规划等；第三，图书馆或图书馆总分馆系统制定的阅读推广规章制度等①。在与阅读推广相关的指南、规划和标准等制度文件中，各种与阅读推广相关的政策、法律、法规、标准、指南、战略规划、规章、规程、服务政策等制度文件中，人们都不难发现，这些制度文件对阅读推广具有干预与指导功能。公共图书馆阅读推广制度是开展阅读推广活动的指南，是公共图书馆提供高质量阅读推广服务的必要支撑。因目前我国对于第一和第二层次的阅读推广制度研究较多，在讨论第一和第二层次的阅读推广制度的基础上，本书侧重探讨第三层次。

（2）我国公共图书馆阅读推广制度建设应势发展

阅读推广制度化发展的标志是建立起多层次、多角度的图书馆阅读推广制度，包括国家或地方层面的法律、法规、政策，国家或行业层面的标准、指南、规范，行业或图书馆层面的服务政策、规章制度，等等。

本课题组于2019年6月对我国各个层面的阅读推广制度建设情况作了调研分析，发现我国各个层面的制度建设差距较大，主要特点如下：

第一，国家及地方法律法规政策日臻完善。2017年3月施行的《中华人民共和国公共文化服务保障法》规定："各级人民政府应当充分利用公共文化设施，促进优秀公共文化产品的提供和传播，支持开展全民阅读、全民普法、全民健身、全民科普和艺术普及、优秀传统文化传承活动。" 2017年6月国务院法制办办务会议审议并原则通过、实施的《全民阅读促进条例（草案）》，

---

① 范并思.拓展图书馆阅读推广的理论疆域[J].图书情报知识，2019（6）：4-11.

强调在全民阅读促进工作中要发挥政府主导作用、鼓励社会参与、明确保障措施、关注未成年人等重点群体阅读等。2018年1月施行的《中华人民共和国公共图书馆法》规定："公共图书馆应当通过开展阅读指导、读书交流、演讲诵读、图书互换共享等活动,推广全民阅读。"在全民阅读气氛日益浓厚的社会环境烘托下,相关地方立法如雨后春笋般大量出台。据不完全统计,2015年至2021年,广东省、江苏省、四川省、吉林省、贵州省、深圳市、烟台市、宁波市等15个省、市陆续制定全民阅读促进办法、条例或决定①,其中基本都包含阅读推广条款。可以说,目前我国国家及地方法律法规等政策层面的公共图书馆制度建设与国外的距离已经大大缩小,对公共图书馆阅读推广发挥了一定的保障作用。单体图书馆或服务体系若能将国家和地方阅读推广法律法规和政策条款具体落实,建设专业、明晰、适用的阅读推广制度,必将大大提升阅读推广服务质量。

第二,行业标准有待丰富细化。随着阅读推广的蓬勃发展,近年来制定和颁布的相关行业规范都包含阅读推广的内容,如:WH/T 87—2019《公共图书馆业务规范》、GB/T 28220—2023《公共图书馆服务规范》、GB/T 36720—2018《公共图书馆少年儿童服务规范》、WH 0502—1996《公共图书馆建筑防火安全技术标准》、JGJ 38—2015《图书馆建筑设计规范》、建标108—2008《公共图书馆建设标准》。尤其值得一提的是,2019年9月开始实施的《公共图书馆业务规范》,将阅读推广放在读者服务的社会教育下位中,而在读者服务项中,第一部分为概述,第二部分即为读者服务制度,明确提出建立读者服务制度的工作内容和质量要求,之后各个部分才是对读者服务包含子项目的阐释。可见,我国公共图书馆业务规范已经将单体图书馆阅读推广制度建设提至较高的重视级别上。但是,我国至今未有一部专门的阅读推广行业规范,这与阅读推广蓬勃发展的势头不相匹配。

第三,单体图书馆或服务体系的制度有待进一步科学建构。2019年6月4—25日,本课题组面向全国省级图书馆、副省级城市图书馆及其他若干阅读推广工作成绩比较突出的图书馆调研现有的阅读推广制度,共收到佛山市

---

① 姚明,赵建国.我国图书馆地方立法实证研究:反思与超越——基于14部地方性法律规范的考察[J].图书馆建设,2020(5):107-114.

图书馆等 10 余家图书馆的反馈。虽然单体馆的阅读推广制度已经初步建立起来，但是，总体而言，普遍缺乏完整性、系统性、专业性、针对性，覆盖不够全面；内容要么停滞在倡议层面或者措辞僵硬的服务形式规定上，要么与传统服务的实施方法类似，没有针对阅读推广的特征而建，缺乏实操性；协调机制乏善可陈，没有切实有效的专业指导；更为遗憾的是，几乎没有针对总分馆服务体系的阅读推广制度。这与阅读推广已经成为公共图书馆的主流服务，日趋将触角深入到社区、学校等分馆的态势极不相称，不利于阅读推广的健康与可持续发展。

1.1.4　21 世纪以来我国公共图书馆阅读推广研究日益关注制度建设

阅读推广活动的蓬勃发展也带动了相关理论研究，阅读推广领域的国家社会科学项目和省部级项目的立项数量、学术论文与专著的数量逐年增加，拓展了我国图书馆阅读推广理论领域。特别是在 2009 年以后，阅读推广委员会在全国各地不断组织高水平的学术活动，开展阅读推广的理论宣传和实践经验总结。相形之下，阅读推广制度的研究与建设情况却不容乐观。

本课题组以 CNKI 为检索源，选择学术期刊数据库，关键词的选择采取模糊模式，共检索到 2013 年至 2022 年公开发表的以"阅读推广"为主题的论文 9854 篇，远远超出其他图书馆分支学科。但研究集中在国内外阅读推广活动、不同类型图书馆阅读推广模式或针对某特定用户的服务上，而用"制度"及其相近的关键词，对关键词进行限定，进一步在结果中检索，仅检索到 56 篇论文，其中专门就阅读推广制度展开研究的只有 33 篇。同时发现，专门研究阅读推广制度的论文虽然比较少，但基本集中在 2020 年以来，从一个侧面印证了图书馆阅读推广已经由初期的探索和全力推进阶段，向制度化管理阶段发展，理论研究由最初的案例推广，逐渐向理论建设探索发展，相关研究更注重从图书馆核心价值与职业伦理、保障公民阅读权利、阅读推广规范与标准、阅读推广制度要素、阅读推广制度规范等方面展开深入探索研究。较之最初泛泛的阅读推广制度研究，现今图书馆阅读推广研究有了更多的理性空间。

1.2　公共图书馆阅读推广的丰硕成果奠定制度研究的理论基础

1.2.1　公共图书馆的使命、核心价值观和职业伦理

公共图书馆阅读推广是专业化的图书馆服务，其重要特征是恪守行业核心价值与职业伦理，用图书馆界认同的职业理念指导自己的服务，并依据这些职业理念形成自我行为制约与规范。在图书馆阅读推广的早期，人们更多的是凭借热情自发地创新阅读推广服务，而很少运用现代图书馆理念对阅读推广实践进行审视。现今，阅读推广已发展成为图书馆的一种主流服务方式，为了进一步拓展阅读推广的发展空间，提升阅读推广的质量与绩效，理应将阅读推广置于现代图书馆理念的指导框架之下，从而使阅读推广这一新型服务形式成为现代图书馆服务的有机组成部分。

现代图书馆理念是一个发展的概念，国际上，图书馆人在过去100多年的图书馆服务中逐渐形成了一些基本认识，这些认识也得到了中国图书馆人的认同。"近年来，IFLA正式文件中的'宣言'、'声明'、'战略规划'，以及世界各国图书馆组织和图书馆学家提出的'图书馆核心价值'，都在表达与强化这些基本理念与服务原则。这些基本理念或服务原则，构成现代图书馆理念的主体内容。具体地说，这些内容包括图书馆对全社会普遍开放、尊重公民知识自由与读者权利、对所有人平等服务、对利用图书馆有困难的人群实施人文关怀、保护读者隐私等。"[①]如《公共图书馆宣言》称公共图书馆应"不分年龄、种族、性别、宗教信仰、国籍、语言或社会地位，向所有的人提供服务"[②]；国际图联《图书馆员及其他信息工作者的伦理准则》重申了信息权利、平等服务、中立性和保护隐私等现代图书馆理念；美国图书馆协会《图书馆权利宣言》称"一个人利用图书馆的权利，不得因其出身、年龄、背景或所持观点

①　范并思.现代图书馆理念的艰难重建——写在《图书馆服务宣言》发布之际[J].中国图书馆学报，2008（6）:6-11.

②　公共图书馆宣言[EB/OL].[2008-05-15].http://www.ifla.org/VII/s8/unesco/chine.pdf.

而被拒绝或削减"①，同时该宣言还强调了中立性服务的原则；日本图书馆协会《图书馆自由宣言》主张信息自由、平等服务、尊重读者隐私、中立性（反审查）等原则②；中国图书馆学会《图书馆服务宣言》认为"中国图书馆人经过不懈的追求与努力，逐步确立了对社会普遍开放、平等服务、以人为本的基本原则"③。

从我国学者范并思、吴晞、王余光、徐雁等对于阅读推广的研究中可以看出，图书馆界对于阅读推广的发展给予高度重视与关注，并认为现代图书馆的理念同样应该指导图书馆阅读推广这一服务方式的发展。现代图书馆理念对于阅读推广既有指导作用又有制约作用。指导作用主要表现在：①保障读者权利；②践行普遍服务与公平服务；③遵从人性化服务原则；④尊重读者隐私与价值中立。在接受理念指导的同时，图书馆人也意识到，作为专业化服务，阅读推广应当具有服务边界，受到图书馆法理的约束，这样才能使服务更加规范。

制约作用主要表现在：①阅读推广实践中的价值判断。图书馆阅读推广在创新发展过程中，活动的项目类型很多。对各种活动项目，图书馆人需要借助现代图书馆理念作出符合图书馆核心价值的判断。②阅读推广活动项目的选择。面对类型、品种很多的阅读推广活动项目，图书馆人在开展阅读推广时的选择远比开展传统服务时更难。而现代图书馆理念可以帮助图书馆人在阅读推广活动项目选择过程中保持清醒的头脑，使自己的服务符合图书馆的价值与目标。③阅读推广目标人群的选择。阅读推广活动，除了讲座、展览等少数形式外，绝大多数都是一种高成本、小众化的服务。对于这类服务，需要对目标人群进行细分，科学地选择目标人群。图书馆人以普遍均等服务的职业理念为准绳，才能做好有针对性的服务。④社会合作方向的选择。随着社会发展，越来越多的志愿者加入了图书馆服务这一行列，但从一些图书馆的阅读推广活动中

---

① Library Bill of Rights［EB/OL］.［2016-11-23］.http://www.ala.org/advocacy/intfreedom/librarybill.

② 図書館の自由に関する宣言［EB/OL］.［2016-11-23］.http://www.jla.or.jp/library/gudeline/tabid/232/Default.aspx.

③ 图书馆服务宣言［EB/OL］.［2023-11-14］.http://lsc.org.cn/cns/contents/1676363541657/1703426584604184576.html.

来看，志愿者的作用还没有被充分发挥出来。阅读推广如何实现社会合作，动员和吸引社会力量广泛参与，是需要图书馆人在图书馆职业理念下认真思考的问题。阅读推广不是简单的策划，更不是单纯的活动，而是需要一定框架约束的一种图书馆服务方式，而这个约束框架就是现代图书馆理念。现代图书馆理念从图书馆的实践中总结而来，又经过图书馆实践的检验，指导着图书馆的发展。阅读推广作为图书馆服务的一种方式，理应接受现代图书馆理念的指导与制约。只有将阅读推广置于现代图书馆理念的框架之下，才能够推进阅读推广深入稳定地开展，从而使图书馆能够为读者提供更好的服务[①]，阅读推广制度研究也必须以图书馆的使命、核心价值观和职业伦理为基础开展，由此才能保障阅读推广制度始终以正确的方向指引阅读推广。

1.2.2　图书馆阅读推广的丰富实践

阅读推广作为图书馆服务于读者的一种方式，几乎伴随着近现代图书馆诞生[②]。20世纪90年代以前，阅读推广在图书馆服务中主要体现在新书推荐等外借阅览服务的辅助服务上。20世纪90年代中期开始，阅读推广获得发展生机。随着网络和数字信息服务对于图书馆传统服务的冲击越来越大，图书馆作为社会公共信息中心的位置逐渐下降。面对挑战，一方面，图书馆需要进行服务创新，加大对图书馆资源和服务的主动宣传或营销。这类推广活动在我国均被称为"阅读推广"；另一方面图书馆需要摆脱文献与信息服务的单一性，发展依托空间、工具和社区的新型服务，这类推广活动在我国也被纳入"阅读推广"活动范畴。阅读推广活动成为图书馆实体空间中最能吸引读者、与图书馆的使命最为贴切的活动。图书馆开始注重进行空间改造，设立更为舒适、休闲、便于进行活动的空间环境，为开展阅读推广打下基础。随着环境的变化，阅读推广逐渐从依附于图书馆宣传、图书馆营销、新书推荐或导读的辅助性服务，发展为图书馆的主流服务。

以美国为例，阅读推广已成为三大类型图书馆的核心服务。1987年至2009年的22年间，美国政府在相关政策、法案、规定和项目等方面持续发力，通

---

① 李凤智,范并思.现代图书馆理念对阅读推广的指导和制约[J].图书馆,2017(8):45-49.
② 张怀涛.阅读推广的概念与实施[J].河南图书馆学刊,2015(1):2-5.

过"美国阅读挑战"运动、"阅读优先"方案和《美国复苏和再投资法案》（American Recovery and Reinvestment Act of 2009，ARRA）积极实施阅读推广计划，把提高中小学生的阅读能力提升至空前的高度[①]。纽约公共图书馆92个服务网点年活动总量已经超过93000次，平均每个服务点超过1000次。2017年，美国公共图书馆协会公布了一份北美地区公共图书馆服务的调查报告。该报告显示，在2012—2017年的北美公共图书馆服务项目中，唯有推广活动呈上升趋势，其他服务非平即降，书刊流通、到馆人数、馆内阅览和参考咨询均有不同程度的下降[②]。据美联邦博物馆和图书馆服务研究所（Institute for Museum and Library Services）2018年7月发布《美国的公共图书馆（2015财年）》的统计报告，推广活动是其中的主要指标。该报告称，2015财年美国公共图书馆推广活动总数达470万场次，参加人数1.07亿，（较2013年430万次）再度大幅增长。该报告用到2个指标测评美国推广活动的增长：每千人提供活动总数达15.21场次，每千人参加活动总数341.25人[③]。

在我国，1997年中宣部、文化部、新闻出版署等9部委联合发文，提出了实施"倡导全民读书，建设阅读社会"的知识工程。2000年，全国知识工程领导小组将每年12月定为"全民读书月"。2004年4月23日，全国知识工程领导小组、文化部、中国图书馆学会、国家图书馆等组织的"世界读书日"活动在全国开展，这是我国首次大范围、大规模地宣传、组织"世界读书日"主题活动。由此开始，国家相关部门连续多年倡导各地继续开展丰富多彩的全民阅读活动[④]。2012年是我国全民阅读的新起点，"开展全民阅读活动"被写入党的十八大报告。2014年政府工作报告首次出现"倡导全民阅读"，截至2023年，全民阅读连续10年被写入政府工作报告。一系列扶持阅读文化、推进阅读设施建设的文化和出版发行政策陆续出台。倡导和推广全民阅读成为重要的国家文化发展战略。全民阅读活动在全国范围内广泛开展。"书香中国""三湘读书

---

① 陆璐，王上.欧美国家的阅读推广及其经验借鉴［J］.图书馆学刊，2019（9）:137-142.

② 2017北美公共图书馆报告：两大传统指标呈下降趋势［EB/OL］.［2023-07-10］.https://www.sohu.com/a/209314971_748548.

③ Public Libraries in the United States Survey：FISCAL YEAR 2015［EB/OL］.［2023-07-10］. https://www.imls.gov/sites/default/files/publications/documents/plsfy2015.pdf.

④ 王余光，李雅.图书馆与社会阅读研究述略［J］.山东图书馆季刊，2008（2）:4-12.

月""书香荆楚"等书香品牌得到进一步培育和巩固,"上海书展""南国书香节""深圳读书月"等阅读推广项目凸显地方特色。据统计,仅在 2016 年世界读书日期间,全国就有 200 多个地级市和 1000 多个区(县)开展了群众性阅读活动①。党的十八大报告也加快了通过立法促进全民阅读的工作。2013 年两会期间,邬书林等上百名两会代表联名提案,建议把全民阅读上升为国家战略,提出全国人大制定全民阅读法、国务院制定全民阅读条例的立法建议。新闻出版广电总局随即行动,成立全民阅读立法起草工作组及起草工作办公室,并很快草拟出《全民阅读条例》(后改名《全民阅读促进条例》)。这一条例当年被列入国务院法制办的立法工作计划三档项目。2016 年,新闻出版广电总局公布《全民阅读促进条例》(征求意见稿),2017 年,国务院法制办审议并原则通过《全民阅读促进条例(草案)》。湖北、深圳等地也先后出台了地方性全民阅读法律法规。2018 年生效的《中华人民共和国公共图书馆法》将"推动、引导、服务全民阅读"作为公共图书馆的重要任务。图书馆人以高度的行业自觉,在全民阅读中积极作为,开展丰富多彩的阅读推广活动。丰富的图书馆阅读推广实践,既提供了大量可以借鉴与推广普及的成果案例,也暴露了亟须规范的行为举措,还有一些率先摸索出来的管理办法、实施方案和管理机制,为深入开展阅读推广制度研究奠定了基础。阅读推广经过实践检验,被证明是符合图书馆的使命与价值的,具有良好绩效,为公众所欢迎,图书馆应该通过制度研究与建设,将这些服务的资源与流程固化,同时对失范行为予以规制。

需要关注的是,阅读推广虽然由图书馆传统服务衍生而来,但是与图书馆传统服务又有较大差别,具体体现在:一是服务属性不同。与图书馆大部分日常传统工作相比,阅读推广拥有任务集中性、时间不可控性、沟通协调复杂性和服务活动性的特征。阅读推广活动从策划到实施的过程环环相扣,活动从策划之初就必须有一个明确的目标和清晰的框架脉络,活动的各项工作都必须紧密围绕和服务于这个目标和框架,互相沟通,协调一致。活动既要生动有趣,又要富有内涵,润物细无声,引导读者跨越阅读障碍,爱上阅读。无论是单馆还是服务体系,都面临既要保证阅读推广活动的顺畅、有序、高效,也要

---

① 李苑.全民阅读这五年:馥郁书香传万家——十八大以来我国推进全民阅读成就述评〔EB/OL〕.〔2023-04-25〕.https://www.sohu.com/a/194361399_118608.

保障传统服务不受干扰的挑战，需要实现二者相互促进，融合发展。二是资源提供方式不同。图书馆大部分日常传统工作是以部门开展图书借阅服务，相比而言，阅读推广以保障读者阅读权利为出发点，公正中立地细致发掘和全面利用图书馆的优势资源，发展各个主题和类型的阅读推广活动，均衡宣传推广服务体系的各个成员单位馆及单馆各个读者服务部门，既免除了重复开展阅读推广活动导致的资源和人力浪费，也能为读者提供更加整体和专业的阅读推广体验。三是对馆员能力要求不同。与图书馆传统服务工作人员相比，从事阅读推广工作的馆员，除了要开展借阅服务外，还要拥有较专深的专业知识、多样化的知识背景，具备人际交往能力、项目管理能力、创新能力。通过阅读推广实践总结得出的阅读推广与图书馆传统服务截然不同的鲜明特征，决定了其制度也要具有独特的针对性。

1.2.3　阅读推广的理论研究

用研究推动阅读推广是国际图联对图书馆开展阅读推广的要求，我国图书馆界在这方面表现出色。中国图书馆学会设立的阅读推广委员会聚集大批热爱和专注阅读推广的专家、学者和图书馆实践工作者，通过学术会议、论坛、讲座、培训，宣传普及图书馆阅读推广。同时，阅读推广委员会又是理论应用的积极推动者，专家们十分注重将实践上升为理论，再通过理论指导图书馆阅读推广的实践。2016年第三届阅读推广委员会成立以来，李东来主任一直强调阅读推广应以理论研究为先导、为先声，指导实践、服务实践，进而推动图书馆阅读推广工作迈上新台阶。第三届阅读推广委员会新组建成立了阅读推广理论研究专业组，2016年该专业组发布了白皮书《图书馆阅读推广理论进展（2005—2015）》，系统梳理我国图书馆阅读推广10年来的理论进展。国家社科基金项目也成为图书馆阅读推广研究的巨大推动力。2010年立项的北京大学王波的"图书馆的阅读推广活动调查研究"是第一个在项目名称中包含"阅读推广"的国家项目，项目成果《图书馆阅读推广亟待研究的若干问题》也成为阅读推广领域被引率最高的论文之一。2013年立项的宫梅玲的阅读疗法研究项目坚持在大学生中开展阅读疗法并运用实证的科学方法进行疗效测评，其研究成果在国家社科基金结项时被鉴定为优秀。束漫的阅读障碍症研究项目与广州、嘉兴等地图书馆开展合作，将国际阅读障碍理论直接应用于图书馆阅读推广。上述研究虽然不直接关注制度这一主题，但是关涉阅读推广各个方面的科学规范运作，为制度研究奠定了坚实的理论基础。

2017 年以来，图书馆界开始直面图书馆阅读推广制度研究。徐蓉从宏观层面介绍了有代表性国家的阅读推广制度并提出我国的制度建设建议[①]；洪伟达、马海群对图书馆阅读推广规范的内涵进行了解读，指出我国在图书馆阅读推广规范方面存在法律制度政策支撑不足、行业操作实施缺乏指导、评估评价体系缺失等问题，并进一步指出，要对图书馆阅读推广进行规范管理，使之朝着制度化、系统化、标准化、科学化方向发展，兼具理论价值与实践指导意义[②]；刘丹分析了从图书馆行业层面构建阅读推广专门标准的重要性，梳理了现行图书馆法律、行业规范及制度文件中的阅读推广指标，以 ISO 标准框架及 IFLA 指南文本的制定原则为参照，探讨了我国图书馆阅读推广标准的编制体例、内容要素及框架体系设计[③]。2020 年本课题组发表在《图书馆建设》第 5 期的"阅读推广制度研究"专栏文章《我国公共图书馆阅读推广制度研究》《公共图书馆阅读推广管理制度建设》《公共图书馆阅读推广活动内容制度建设》《论公共图书馆阅读推广活动空间的制度与规范》《阅读推广视角下的馆员制度构建》等，就图书馆阅读推广制度的内涵、特点及现状进行分析，并从阅读推广的基本要素视角研究阅读推广的制度问题，即将图书馆阅读推广制度分解为管理制度、读者制度、内容制度、空间制度和馆员制度，分别对其进行研究。应该承认，以要素为视角的研究仍停留在阅读推广的经验研究层面。但是，较之泛泛的阅读推广制度研究，这一视角有了更多的理性空间。可以预见，随着阅读推广理论研究的不断深入，会有更多的研究聚焦于图书馆阅读推广制度。

1.3　从制度研究到阅读推广的理论指导

本课题组将阅读推广制度研究当作图书馆学理论介入阅读推广实践的重要切入点，对阅读推广制度进行多角度的研究，如：进行广泛深入的调研分析，

①　徐蓉.公共图书馆阅读推广发展的制度保障[J].图书馆,2017(4):17-20.

②　洪伟达,马海群.图书馆阅读推广规范研究[J].图书情报知识,2018(1):36-43.

③　刘丹.图书馆阅读推广标准的建立构想[J].图书馆杂志,2020(8):82-87,110.

奠定深厚的研究基础；从阅读推广的基本要素视角来研究阅读推广的制度问题，即将图书馆阅读推广制度分解为管理制度、读者制度、内容制度、空间制度和馆员制度，分别对其进行研究。我们希望，作为我国图书馆阅读推广制度研究的一个开端，这一研究能够引起图书馆人对于阅读推广制度研究的深层关注，促进图书馆阅读推广的制度研究与制度建设，为我国图书馆阅读推广的持续深入发展提供坚实的制度保障。开展制度体系及框架的研究，以期制度更具完整性、科学性及合理性；关注服务体系阅读推广制度建设，以适应阅读推广的创新性发展，等等。

1.3.1 调研分析阅读推广案例，为制度建设提供基础材料

任何制度都不是凭空建立的，只有在对积累的实践经验和事实基础上加以分析探究，发掘内核并予以梳理，提供纲领和指导性理论与案例，才能满足实践的需求。如前所述，公共图书馆阅读推广活动逐年增长，2021 年全国公共图书馆共为读者举办各种活动 202568 次，比上年增长 34.4%；参加人次 11892.49 万，比上年增长 28.2%（《中华人民共和国文化和旅游部 2021 年文化和旅游发展统计公报》）。排除疫情影响，可以看出活动的场次、参与人次仍保持较高增长态势，社会影响力可见一斑。其中不乏优秀的阅读推广活动策划组织及制度建设案例。通过调研分析案例，一方面可以总结阅读推广科学规范管理和运营的经验，分析归纳影响阅读推广成效的资源、环境、行为、系统等管理与运营方面的主要因素，作为制度建设的参考借鉴内容；另一方面，可以分析成功案例的运行机制乃至业已建立的制度，作为制度设计与建设的基础蓝本和主要内容。

1.3.2 分析制度的层级构成与要素

在阅读推广基础理论、制度理论的基础上，分析图书馆阅读推广制度的测评数据与理论依据，探讨阅读推广制度的层级构成与要素，研究明确的阅读推广制度类型和其所包含的基本要素，使阅读推广制度相对科学、更具适用性与可持续性。阅读推广制度虽然会随着不同时期、不同个体、不同地域等的创新发展而显现不完全相同的状态，但是基本要素及核心内容不会改变。通过研究分析出阅读推广制度层级、要素及其内容，可以发挥图书馆学理论对阅读推广

的干预与指导功能，为图书馆阅读推广制度的构建提供基本的设置要点，从而建立起层次分明、分类合理、内容全面的阅读推广制度，避免各馆或各地区缺乏必要的判断，盲目进行制度建设，从而保障图书馆阅读推广制度的科学、标准和可持续实施。

1.3.3　设计制度体系

研究制度体系，即针对所要规范的项目的各个方面进行全方位、多视角的研究，从而建立起具有协调性、互补性、整体性的体系化制度。阅读推广制度包含职业理念、规范对象、服务方式、资源建设与提供等诸多内容，通过对阅读推广进行深入透彻的研究，对各个要素和关键环节及其相互衔接和协调的关系进行准确把握，在此基础上构建既有分工又相互配合的面向各类规范对象、资源、活动的制度，共同构成制度体系，这样才能保障阅读推广活动从策划、组织到实施的过程环环相扣，有明确的目标和清晰的框架脉络，使活动的各项工作都能紧密围绕和服务于总体目标协调一致推进。整体协调的体系化阅读推广制度，是能够真正发挥规范作用的科学体系。

1.3.4　关注公共图书馆服务体系阅读推广制度研究

我国公共图书馆从 2000 年开始探索服务体系建设。在国际上，通常以总分馆制为典型构成公共图书馆服务体系。上海、北京、广东、浙江、江苏等发达地区率先摸索出适合当地的总分馆制。在中国图书馆学会及文化部等部委的推动下，2011 年后，公共图书馆总分馆体系逐渐在全国普及建设。公共图书馆服务体系建设的重要目的在于激活资源配置、扩大服务范围、提升服务效能，促进城乡群众普遍均等地享有基本的图书馆服务。

公共图书馆服务体系最初着力于总分馆基础设施建设及协作协调，涉及的工作主要包括文献资源的统一分编、统一服务平台建设和数字资源共享、图书通借通还等传统图书馆业务。近年来，随着公共图书馆专业化、精准化、均等化服务的不断深入发展，公共图书馆服务体系开始尝试协同开展阅读推广服务，如联合开展读书月活动或者某一品牌阅读推广活动。在公共图书馆服务体系中，阅读推广是公共图书馆事业发展新的增长点。公共图书馆服务体系的阅读推广能够进一步激活阅读服务资源，提升公众阅读意愿与阅读能力，并提升图书馆服务指标。但是，图书馆界共同的感受是，在基层分馆和服务点推进阅读推广更加困难，其原因是我国公共图书馆服务体系发展中需要研究的一个重要问题。而导致这一问题的原因，无论是体制、观念、资源还是员工素养，有效的解决方法之一即开展公共图书馆服务阅读推广制度研究和制度建设，以标准化的制度推动阅读推广活动在基层分馆和服务点的健康发展。开展公共图书馆服务体系阅读推广，集服务体系之合力开展规范科学的阅读推广，将有效深化公共图书馆服务，进一步提升图书馆服务效能。需要强调的是，阅读推广延伸到体系层面，涉及范围更广，需要协调的元素更多，而各馆之间的相互了解不够、各类资源差异较大，协调成本更高。因此，公共图书馆服务体系阅读推广制度建设难度更大，对此需要格外关注、重点研究。通过研究，建立科学的公共图书馆服务体系阅读推广制度，是以标准化促进均等化的有效手段。

1.4　从制度保障到阅读推广的效能提升

图书馆阅读推广需要制度保障。图书馆研究和建立阅读推广制度，其目的是在阅读推广中形成一种稳定的结构，这种稳定性是图书馆阅读推广发展到一定阶段的需求，是图书馆阅读推广可持续发展的根本保障[1]。阅读推广制度研究是阅读推广制度建设的基石。

1.4.1　保障图书馆阅读推广制度建设的科学性

图书馆以其专业性、权威性和独有的丰富资源成为读书活动的一个主要阵地，也是倡导全民阅读、终身学习等基本人文理念的中坚力量，是联系群体阅读和个体阅读的桥梁[2]。图书馆的各项业务都围绕收集信息资源、提供信息资源服务展开，同时又具有各自的特征。阅读推广亦不例外，与图书馆其他业务相比，图书馆阅读推广工作具有明显的任务集中性、时间不可控性、沟通协调复杂性和服务活动性。这决定了其制度与传统服务制度截然不同。深入研究阅

①　范并思.阅读推广：从创新驱动到制度保障[J].图书馆建设,2020(5):49-52.
②　王余光.为何设国家读书节？民族精神境界取决于阅读水平[EB/OL].[2023-05-11].
http://www.szlib.com/pdcn/Home/Content/18464.

读推广的服务属性、资源提供方式、馆员能力要求等，在图书馆基础理论和制度学的框架下，将阅读推广与阅读、读者心理、教育等相关理论有机融合，建立多层次、多角度的体系化图书馆阅读推广制度，规范馆员和其他相关方面，是阅读推广专业化、可持续发展的保障。

阅读推广是一种强有力的延伸服务和推广机制，使图书馆能够与各种团体和个人建立伙伴关系。但是，毋庸讳言，由于图书馆阅读推广活动类型多样、参与人群较多，大多数活动的实施细则取决于活动组织者的个人理念与能力，很难保证活动的均等化。在政府号召向高质量发展的大环境下，通过研究建立科学合理的阅读推广制度，依据制度实施扁平化图书馆结构构建和标准化管理，能够使相关要素更直接地进行主动自觉管理，更顺畅地实现沟通协调，有效加快阅读推广活动从计划到实施的进程，也为创新性阅读推广活动创造更多的机会。

图书馆阅读推广工作硕果累累。为了实现图书馆阅读推广的长期可持续发展，一方面要不断优化现有的阅读推广制度设计、工作流程，从而提高资源投入的社会效益；另一方面，面对迅速变化的社会、技术环境和读者需求，图书馆阅读推广工作必须不断推陈出新。因而，如何有效创新成为阅读推广研究的重要内容。从图书馆阅读推广的运作机制看，创新或创意是阅读推广活动的起点，几乎任何一项优秀的阅读推广活动，都包含一个优秀的创意。目前，图书馆管理的体制与机制尚未完全适应阅读推广对创新创意的需求。通过制度研究，能够针对图书馆阅读推广的服务创新机制体系需要制定对策，提出方案，促进图书馆的管理转型。

1.4.2 提升图书馆阅读推广效能

标准化和规范化是实现科学管理、推动健康有效发展的重要保障，有利于细化和落实阅读推广工作。近年来，党和政府非常重视阅读推广的规范化、标准化发展，2017 年以来相继颁布实施的《中华人民共和国公共文化服务保障法》《中华人民共和国公共图书馆法》都明确规定了相关条款；2019 年发布的文化行业标准《公共图书馆业务规范》《乡镇图书馆管理规范》中，也对阅读推广作出了专门规定。此外，各省市出台的地方图书馆条例和全民阅读条例也包含相关内容。这些法规、政策、标准有力推动了阅读推广的发展，但是，由于这些法规、政策、标准多数面向全国或区域内所有图书馆乃至图书馆之外的机构，涉及阅读推广的条款较少，且比较宏观，属于粗线条的规范，与阅读推广落地实操还有一定距离，尤其对于专业力量较弱的馆而言，难以把握并进行精准落实。此外，很多图书馆及图书馆服务体系已经形成了自身的运作机制，并发挥了一定的规范作用，但是没有上升到制度层面，欠缺约束力和执行力，导致阅读推广成效不显著。深入开展阅读推广制度研究，能够保障阅读推广制度建设将法律法规政策、行业标准及指南、较成熟的运作机制转化为可以指导阅读推广馆员实践的工作准则，内化为图书馆员的职业操守，直接提升阅读推广效能。

目前，无论在单馆还是服务体系层面，我国图书馆的阅读推广活动普遍存在着重复建设现象严重、分工协作力度不够、优势互补不显著、系统兼容性差、资源整合程度有待加强、综合服务水平不高、服务质量有待提升等问题。这就需要加强制度研究，为健全阅读推广制度提供科学支撑，在顶层管理、协作协调、具体操作、培训及考核等方面，明确职责和操作程序等内容，科学整合阅读推广资源，指引阅读推广馆员顺畅开展活动、沟通、协作和配合，保障阅读推广具有专业性、整体性、系统性、协调性、规范性，最终目的是提升阅读推广效能，为公众提供优质服务。

1.4.3 为相关法律法规的制定奠定理论基础

相关法律法规及行业标准的制定及修订，需要大量的事实数据作为基础。在研究基础上建立的图书馆阅读推广制度既有专业理论基础，又以法理规范作为支撑，不仅能指导图书馆阅读推广，还能为完善阅读推广方面的法律法规及行业标准提供图书馆行业支持，是法律法规、政策、标准制定流程的重要环节。经过充分研究建立的阅读推广制度，框架合理，内容全面，包含规范管理、操作、统计及绩效考评等内容。一方面，其本身即为规范性的执行制度，经过实践检验，能够作为相关法律法规及行业标准制定及修订的专业蓝本，提供相应条款及内容参考，进一步夯实法律法规、行业标准的底层建设，促进相关法律法规及行业标准不断完善；另一方面，在研究及制度实施的过程中，将产生大量专业案例和基础数据，能为相关法律法规及行业标准的制定与修订提供业务数据参考。由此循环往复，不断丰富夯实阅读推广相关法律法规，进而推进阅读推广的发展，巩固图书馆的阅读推广阵地。

2 顶层设计：公共图书馆阅读推广管理制度

阅读推广活动的管理是指在有限的资源约束下，运用系统的观点、方法和理论，对包括人力、物力、财力等在内的各种阅读推广活动的资源进行管理，并受阅读推广活动的利益相关者（各级政府和机构、活动管理者、读者或用户）不同需求的影响[①]。开展阅读推广的管理研究，宏观上能够为管理者制定图书馆阅读推广的政策、法规和标准提供思路和决策依据；在具体的服务活动中，则是提高阅读推广的效益与效率、保证图书馆阅读推广可持续发展的关键[②]。

2.1 阅读推广管理制度的构建背景

2.1.1 发展态势：从自发管理到自觉管理

阅读推广的管理态势由自发管理向自觉管理转变。范并思等人认为，在阅读推广发展初期，图书馆管理者的管理驱动力来自两方面：一是馆领导因为上级有要求、同行有榜样，加上面临服务指标的压力，因而需要组织馆内相关人员进行图书馆服务周、服务月或各种节日活动的设计，并配备相应的资源，推动阅读推广；二是一线员工出于工作热情或个人兴趣，将阅读推广活动引入服务，图书馆管理者满足员工提出的资源投放要求，推动阅读推广。这具有典型的自发管理的特征。当阅读推广作为图书馆一项新型服务的地位已经确立，阅读推广不再仅仅是作为图书馆借阅服务的附属项目，而是发展成为一种与文献借阅服务和信息服务并列的主流服务，这时就需要管理者进行管理变革，从自

---

① 岳修志.阅读推广活动管理绩效评价要素和内容分析[J].国家图书馆学刊,2019(2):32-39.

② 范并思.论图书馆阅读推广的理论体系[J].图书馆建设,2018(4):53-56.

发管理转向自觉管理。阅读推广管理自觉的含义是：图书馆事业的宏观管理者，如图书馆主管部门、图书馆行业组织，需要将阅读推广作为图书馆的主要服务项目，纳入图书馆行业的核心价值、职业伦理，以及其他行业类宣言、声明文件中，并在图书馆服务的预算、控制、考核、评估等方面加入阅读推广指标等；图书馆服务的微观管理者，如图书馆馆长、大型图书馆的部门负责人，则需要将阅读推广纳入图书馆发展战略，制定有益于推动阅读推广的图书馆核心价值和服务政策，建立适应开展阅读推广活动的服务空间，配备阅读推广活动所需设施设备，更加主动地进行阅读推广人力资源的设计与建设，对阅读推广的策划、资源、品牌等进行顶层设计。

阅读推广管理态势转变带来的直接影响是阅读推广的管理方式由粗放式管理向精细化管理转变。随着国家对阅读推广活动的重视程度和投入经费的不断增加，阅读推广活动的战略管理和细节管理需要得到更多的重视。虽然阅读推广活动已经成为图书馆的主要业务之一，围绕阅读推广的各种创新项目也层出不穷，但是对于如何有效地管理阅读推广活动，各个图书馆目前仍在探索中。以往的阅读推广活动的管理具有明显的粗放式管理的特征，即管理的理性化程度较低，可预测性和可控性程度不高，随意性、弹性化和形式化明显，管理的成本和效益不成正比，具体表现为活动的设计缺乏针对性、项目主体的主导作用发挥不够，管理人员的专业性不足，阅读推广的效果不易评价。精细化管理则要求将活动中每一个步骤的管理责任明确化，力求以最小投入、最短时间达到最优效果；需要根据活动的内在要求及自身的特点，做到目的明确，细节全面，过程可控，结果可评价。制度建设是管理方式由粗放转变到精细的重要抓手和依托。

正是基于上述特点，阅读推广对管理的科学化、规范化提出了更高的要求，由此引出阅读推广管理的制度化问题，而制度化的标志就是建立起多层次、多视角的图书馆阅读推广管理制度。

2.1.2 基本特征：顶层设计与有效执行

从管理的角度来看，阅读推广具有项目管理的基本性质或特征，即操作复杂性、方法的创新性、模式的探索性、时间的周期性、主题的组织性。图书馆活动的管理是一种与以往图书馆行政管理和业务管理完全不同的管理，每场活动都是一个大小不等的项目，具有从立项到结束的完整周期。图书馆推广活动需要新颖的创意、优秀的策划、响亮的品牌和具有章法的服务营销，具体包括活动的创意、策划、组织运营、品牌管理、服务营销、总结等环节，这些对图书馆管理和研究都是全新的课题。推广活动的管理既需要图书馆管理者以先进理念为指导的顶层设计，也需要图书馆员的有效执行力[①]。

2.1.3　构建目的：迈向规范管理

阅读推广活动在管理上要解决的问题是提升管理人员的工作效率、活动的效率和执行效率，保证图书馆阅读推广的可持续发展。组织管理理论认为，结构化、制度化的管理体系通过把组织打造成一个高度理性化的结构性工具来实现其预设的目标，能够最大限度地发挥人的理性，使个体行为成为组织机器的零部件，在提高效率和增加效用方面，将组织理性层面的功能最大限度地发挥出来。高效的组织结构，其内部成员的结构和相互关系是以制度和规范的形式，通过明确成员角色职责的方式固定下来的。无论是在组织的各种要素发生变化时，还是组织与外界环境交换必要的资源时，制度都能够以规范化、职能化和标准化的表现形式为组织的演进过程提供稳定的选择预期和价值判断。如果想要阅读推广活动取得良好效果，就需要对其进行有效、有序、系统的管理，需要将各种系统、方法和人员结合在一起，在规定的时间、预算和质量目标范围内完成阅读推广项目的各项工作，并对组织机构资源进行计划、引导和控制工作。阅读推广管理制度正是希望从制度规范上为阅读推广的未来发展提供一个稳定的预期。

2.1.4　制度构成：全流程要素

微观上的图书馆阅读推广管理，包括服务资源的管理和服务过程的管理。阅读推广理论需要研究流程管理理论及其在阅读推广中的应用[②]。"管理过程之父"，法国人亨利·法约尔（Henry Fayol）在1925年出版的《工业管理与一般管理》一书中提出管理活动包含5种职能：计划、组织、指挥、协调、控

---

① 范并思.服务活动化:图书馆服务新趋势[J].图书馆学刊,2017(12):1-4.

② 范并思.论图书馆阅读推广的理论体系[J].图书馆建设,2018(4):53-56.

制，这也可以看作是管理的过程。阅读推广的管理，从某种程度上说就是对阅读推广活动过程的管理，包括阅读推广活动的规划与策划、组织与实施、保障与支持、反馈与评估，而阅读推广管理制度就是在这一过程中建立的各种规范。

2.2 阅读推广活动的计划与策划制度

计划指导着一个图书馆系统循序渐进地去实现其目标，计划的目的就是要使图书馆适应变化中的信息环境，并使图书馆占据更有利的信息环境地位，甚至进入一个完全不同的信息环境。计划在图书馆中可以成为一种体系，并有其内在的层级，如战略计划是最高层次的、总的长远计划，职能计划与部门工作计划则是中层的操作性较强的计划，而下级的工作计划则是对近期工作的具体计划。事实上，无论是战略计划还是职能部门计划，都是对未来行为的一种筹划，就是希望通过事先的安排有准备地迎接未来，或按照设定的目标循序渐进地开展工作，从而减少未来不确定性对图书馆的冲击，减少未来工作过程中可能产生的不确定性。阅读推广的计划与策划制度的核心就是使图书馆能从总体上把握阅读推广的活动方向，保证阅读推广活动符合社会的基本价值观、图书馆的理念和图书馆本身的业务发展方向。

2.2.1 阅读推广活动以规划为统领

战略规划作为图书馆最高层次的计划，决定着图书馆未来的发展方向，阅读推广作为图书馆最重要的服务内容之一，必须在图书馆的战略规划中明确其地位，并对未来发展的方向和策略进行宏观的思考。一般而言，组织的战略规划的是分层次的，一个组织的战略应该包含三个层级，即组织级（公司级）、业务级和执行级。

（1）阅读推广的组织级规划。阅读推广的组织级规划立足于对整个图书馆的整体和长远规划，主要体现阅读推广的方向和目标，其中包含着对阅读推广的价值观层面的考量。例如《广州图书馆2021—2025年发展规划》提出："推进全民阅读，支持终身学习，为公众自主发展赋能。"《智慧·融合·跨越：佛山市图书馆 2021—2025 年发展规划》中提出："创新驱动，构筑阅读新生态。"

（2）阅读推广的业务级规划。阅读推广的业务级规划是在组织级规划的指导下，关于阅读推广的某个方面的构思。例如，《广州图书馆 2021—2025 年发展规划》提出 3 个策略：加强阅读推广，引领全民阅读；系统优化服务供给，促进未成年人阅读；强化社会教育职能，支持提升公众综合素养。《智慧·融合·跨越：佛山市图书馆 2021—2025 年发展规划》中提出 5 个实现路径：分层分众，多维构建"全人生"阅读体系；均等参与，充分保障不同群体阅读权益；广泛合作，建立全民阅读多级联动机制；跨界互融，多元共建"大阅读"工程；凝聚城市阅读力量，丰富文化参与主体；建设智慧阅读平台，促进深度数字阅读。《杭州图书馆"十四五"发展规划（2021—2025）》提出两个路径：创新推广模式，有效助推全民阅读；对接智慧体系，实现服务智慧共享。《上海图书馆"十四五"发展规划》提出"形成智慧融合的公共阅读服务"。

（3）阅读推广的执行级规划。阅读推广的执行级规划是具体的行动路径，关注的重点是对组织级规划和业务级规划的支持，是具体的实现方法。例如，《广州图书馆 2021—2025 年发展规划》通过系统设计阅读推广的主题、群体、内容，推动阅读下沉基层，改善数字阅读推广工作环境，提升公共图书馆在全民阅读中的话语权和影响力等，持续培养市民的阅读习惯，提升市民的阅读能力和阅读水平。《智慧·融合·跨越：佛山市图书馆 2021—2025 年发展规划》中对新生儿、幼儿、少儿、学龄前儿童、家庭阅读、成人、老年读者等不同服务对象的覆盖，对残疾人、盲人、低收入群体、新市民群体的关注，与社会阅读力量的联动和文旅行业的融合，对品牌项目的培育和挖掘，对阅读平台的建设和智慧阅读的关注等。《杭州图书馆"十四五"发展规划（2021—2025）》从创新阅读推广品牌，打造国潮阅读品牌，培育线上活动品牌，实现移动服务智慧化和构建智慧图书馆框架等方面推动阅读推广发展，这都属于执行级计划。

参考案例

智慧·融合·跨越：佛山市图书馆2021—2025年发展规划（征求意见稿）（节选）

目标三：创新驱动，构筑阅读新生态，建设学习型城市

实现路径1：分层分众，多维构建"全人生"阅读体系

实现路径2：跨界互融，多元共建"大阅读工程"

（1）立足音乐馆、电影馆、小剧场等主题空间及特色资源，开展文学性和艺术性兼具的特色阅读活动，为用户提供"阅读＋"体验。

（2）创新"阅读＋行走"服务模式，促进本地旅游资源与文学创作、摄影艺术深度融合，为市民提供沉浸式地域文化体验。

（3）将主题读书会、小型讲座、展览等活动导入本地民宿、景区等服务空间，为游客提供活态文化体验。

（4）以粤港澳大湾区、珠江三角洲等区域内旅游文化资源为纽带，与区域内多个城市联合开展阅读接力、展览及讲座巡演等活动。

（5）以新媒体新技术催生多元阅读形态，开展基于图媒合作的可视化阅读服务，促进线上阅读活动常态化发展。

实现路径3：均等参与，充分保障不同群体阅读权益

实现路径4：广泛合作，建立全民阅读多级联动机制

实现路径5：凝聚城市阅读力量，丰富文化参与主体

实现路径6：建设智慧阅读平台，促进深度数字阅读[①]

2.2.2　阅读推广活动从策划开始

阅读推广的策划作为阅读推广活动的第一个环节，从某种意义上说，决定着活动的成败。阅读推广活动的策划应该在充分考虑阅读推广不同服务对象和服务方式的特点后，制定阅读推广活动策划的相关制度，对活动策划中可能涉

---

① 智慧·融合·跨越：佛山市图书馆2021—2025年发展规划（征求意见稿）［EB/OL］.［2023-05-21］.https://www.fslib.com.cn/info/10518.

及的问题作出明确的规划和指引。

阅读推广活动策划的相关制度，需要从以下几个方面去构建：①确定活动策划的原则。阅读推广活动的策划应秉持公益性、学术性、时效性、互动性、导向性和大众性原则。②策划前的调研。调研的两个核心问题是如何挖掘本馆的资源和如何了解读者的需求，本馆资源的挖掘可以通过对馆藏和服务数据的分析来获得，而读者需求则可以通过调查、访谈等方式获得。③确定活动的具体目标。活动策划的目标是指活动想要达到的最终效果，是对活动策划方向的指引，包括引导阅读、推介资源、文化宣传等。比如广州图书馆的"小樱桃"阅读树以倡导亲子共读、培养低幼儿童阅读兴趣为目标，"羊城学堂"以引领广州人文生活为目标，"粤剧粤曲大家谈"以弘扬岭南优秀传统文化为目标。④确定活动的主题。活动主题的确定应突出公益性、学术性、时效性、互动性、导向性和大众性原则。⑤确定活动的类型。不同类型的活动对阅读推广的效果是不同的，比如：活动类服务具有形式多样、针对性强、组织灵活等特点，成为图书馆阅读推广的主要形式；展览天生具有生动、形象的特点，容易吸引读者的注意力；讲座具有互动性强、接受度高等特点。应根据活动的目的，选择最恰当的活动方式，以达到活动的最佳效果。⑥策划的实施。策划的实施需要将各个问题具体化，包括做什么、怎么做、过程如何控制、活动的反馈和总结等。

参考案例

东莞图书馆少儿活动策划与组织规程（节选）

一、少儿活动策划与组织工作职责

（一）根据东莞文化事业的发展需要，结合东莞图书馆的优势，全面整合图书馆资源，负责制定少儿部的发展规划，策划、组织各类少儿活动。

（二）制定少儿活动项目的年度工作计划和活动所需预算，上报领导批准后组织实施。

（三）做好项目策划方案，并进行前期调研，预测项目的可实施性。

（四）与相关部门协调做好活动项目的前期宣传与推广工作。

（五）做好项目具体实施方案，并安排人员负责具体的实施工作。

（六）做好少儿活动项目的具体评估工作并进行总结。

（七）借鉴国内外同行开展少儿活动的成功经验，不断改进、提高活动效果。

二、少儿活动策划与组织工作流程

（一）开展前期调研。

（二）做好活动项目方案计划书。

（三）活动工作准备。

（四）具体的活动实施。

（五）活动的评估总结工作。

（六）活动资料归档工作。

三、少儿活动策划与组织工作制度

（一）岗位工作要求。

（二）岗位工作考核。

（三）对每一项活动进行量化考核，不断总结经验，改进工作方法，完善工作制度。[①]

2.3 阅读推广活动的组织与实施制度

组织是管理者建立一个工作关系架构从而使图书馆成员得以共同工作来实现图书馆目标的过程。组织的结果是组织结构的产生，即一种正式的任务系统和汇报关系系统。通过这种系统，管理者能够协调和激励图书馆的工作人员努

---

① 资料来源于课题组于2019年6月通过电子邮箱向全国省级图书馆、副省级图书馆，部分省份（包括广东、浙江、江苏、广西、江西等）的地市级公共图书馆以及部分海外图书馆收集到的阅读推广制度相关内部资料。本书中具体引用的内部资料包括上海图书馆、金陵图书馆、东莞图书馆、深圳图书馆、广西图书馆、陕西省图书馆、佛山市图书馆以及澳大利亚悉尼市图书馆的指南、业务管理制度及管理办法、行政管理制度及管理办法、工作指引等，此处之后不再另行说明。

力实现图书馆的目标。岳修志根据组织者在阅读推广活动中的职能以及关系紧密程度，将阅读推广活动的组织者分为三类：管理者、执行者和参与者。三者的分工是：管理者负责制定阅读推广活动的年度计划（甚至是三到五年的规划）以及年度各项阅读推广活动的人、财、物调配；执行者负责具体开展每一项阅读推广活动，并提供管理者需要的阅读推广活动材料；参与者根据活动的类型不同程度地参与各种阅读推广活动①。

2.3.1 以岗位职责与分工制度厘清责任边界

职责与分工主要是指阅读推广管理活动中的责任主体的职责与主要工作内容，包含活动的统筹部门和支持部门。阅读推广作为核心业务逐渐受到各个图书馆的重视，图书馆内越来越多的部门或直接开展阅读推广服务，或协助其他部门开展阅读推广业务，各部门在阅读推广业务上的交集越来越多，并且呈现出常态化的趋势，各部门在阅读推广上的边界逐渐模糊，部门职责和工作内容常出现交叉或者重叠，在阅读推广活动上的协调变得越来越困难。这就要求管理者进行统筹思考，通过对阅读推广活动中各方的职责与分工进行清晰的界定，来避免部门之间的权责不清、相互推诿扯皮现象，以避免影响阅读推广活动的正常开展。

国内阅读推广做得比较好的地区，在阅读推广的相关管理制度中对部门的职责与分工都做了比较明确的规定。一般都由一个主要责任部门作为阅读推广活动管理的责任部门（阅读推广部或者阅读推广管理部），负责全馆阅读推广工作的统筹、协调和组织工作，具体制定和执行全年的读者活动，推进和管理与阅读推广活动相关的工作，包括活动的策划、活动的实施、品牌的建设、经费的管理、场地的安排，活动效果的评估等。其他业务部门作为阅读推广的主要参与部门，根据本部门的资源与服务的特点，策划和开展阅读推广活动，在以部门为主导的活动中承担主要职责，同时配合阅读推广部门做好活动的宣传、后勤保障、安全等工作。部分图书馆还设立了相应的协调机制，即在各部门中设立阅读推广联络人或联络小组，由各部门选出，其主要任务就是参与策

---

① 岳修志.阅读推广活动管理绩效评价要素和内容分析［J］.国家图书馆学刊,2019（2）:32-39.

划全馆阅读推广活动，向阅读推广统筹部门报送部门活动计划，沟通协调阅读推广活动的相关事宜。

参考案例

深圳图书馆阅读推广活动管理办法（节选）

第二章 职责与分工

第四条 阅读推广部作为深圳图书馆读者活动管理的责任部门，负责制定和执行全年读者活动计划和年度预算，全面推进和管理阅读推广活动相关工作，包括活动策划、品牌建设、场地安排、宣传推广、组织实施、经费管理、效果评估等。

第五条 阅读推广部全面负责各项活动的日常统筹、协调、组织工作，并在以部门为主导的专业化资源与服务推介活动中支持、配合各业务部门。

第六条 行政部负责活动场地（含设备、家具等）的日常维护保养、检修及安全管理，并协调物业管理处完成活动场地的日常卫生、安全保卫以及消防工作。

2.3.2 以活动流程管理制度提升组织效率

流程管理是一种以构造卓越业务流程为中心，以持续提高组织业务绩效为目的的系统化方法，其核心是流程，本质是业务流程的构造。阅读推广活动的流程管理是从前期活动策划到后期评估的一个完整周期的管理，虽然阅读推广活动的主题、内容、对象和规模各不相同，但是开展活动的过程却是相似的。流程管理制度的目的就是规范阅读推广活动的过程，为阅读推广活动设计一种可复制的标准化过程模板，提升阅读推广活动的组织效率和活动的效果。一个完整的阅读推广活动应该经过前期策划、宣传、组织、实施、总结和评估等过程。前文已经讨论了阅读推广的策划、宣传、组织等问题，后文将就活动的评估进行探讨，本节重点讨论阅读推广活动实施阶段的流程管理问题。

阅读推广活动进入实施阶段，需要考虑活动的实施细节，具体包括：①活动参与人员。根据活动的性质和规模成立活动推进小组，成员应包括与活动相关的重要部门参与人员，并对各自的职责任务做出明确分工。②活动的准备。按照活动的策划及分工，对准备工作提出细化的要求，包括必要的物资准备（如宣传品的设计、饮用水、音响设备、活动中需要用到的物料等）、材料准备（新闻媒体稿件、主持词等）、活动进度安排、场地预约及准备、前期宣传（邀请新闻媒体、微博微信互动）、现场流程分工（签到、指引）等。③活动的开展。实施过程重点关注活动是否按照预定的计划进行、对突发情况或紧急情况的处理。④活动的总结。包括对活动的材料的收集、整理和归档，活动总结的撰写。

参考案例

东莞图书馆社会教育和阅读推广活动管理办法（节选）

四、管理要求

（一）总体项目方案制定的要求

根据读者调查结果分析、上年度计划执行情况考核与评价，以及"主题年"工作重点等，各部门制定相关工作项目方案及工作计划，由分管馆长负责审核并督促具体实施。计划中包含了项目分工推进、项目预算、宣传推广等内容。

（二）子项目推进计划

1. 项目申请

由负责相关活动的部门向分管馆长提出项目申请，特别是新的项目需要提交可行性方案，包括活动目的与意义、主题、具体内容、预定的效益、宣传计划、经费预算等。

2. 项目评审

项目申请提出后，由分管馆长来审核，提出修改意见后，提交领导班子会议进行讨论确认，审核的要点包括与社会教育和阅读推广目标的一致性、项目的可行性、效益的可预见性、预算合理度等内容。

3.活动策划

活动的策划既要延续以往成效较好的做法，又要结合最新的市情馆情策划新的内容。根据项目的前期方案，组成项目小组，对活动主题、内容、预算、人力物力保障、预定效益等进行讨论确定，并拟写分工和工作进度表，设计相关记录及评估表格等。

4.活动准备

按照活动的策划及分工，依据活动举行的倒计时，对准备工作提出细化要求，包括必要的物资准备（如宣传品的设计制作、饮用水准备、音响设备等）、材料准备（如新闻媒体稿件、主持词等）、人员分工及进度安排、场地预约及准备、活动宣传（打造实体宣传氛围、邀请新闻媒体、借助微博微信传播等）、现场流程分工（签到、礼仪安排等），以及制定紧急情况的预案等。

5.活动实施

按照活动准备的分工要求，各司其职细化工作任务并按时推进实施。如在活动实施过程中发生突发情况或者紧急情况，项目负责人须及时向分管馆长汇报并调整具体实施行动。在项目完毕后进行总结分析。

6.效果评估

活动结束后，对活动的效果提出评估的要求，包括是否达到预想的活动效果，宣传成果如何，读者反馈情况等，必要时形成项目评估报告，递交馆领导班子进行审核评估。重点工作纳入馆内绩效考核，在每季度或年度进行总体考核。评估结果作为以后工作的改进依据，以及对活动项目组的人员作考核参考之用。

2.3.3 以沟通与协调制度形成推广合力

岳修志认为"阅读推广的复杂性超过一般的业务流程"，并且它的复杂性随着覆盖范围的不同而变化[1]。一个单位的阅读推广活动相对简单，一个地区的阅读推广活动就较为复杂。单个图书馆的阅读推广活动出现的问题往往贯穿

---

① 岳修志.阅读推广活动及其管理特点分析［J］.图书馆，2019（1）:65-69.

于各个部门之间，要求各部门相互协作，但传统的职能组织尚且无法快速做出协调与配合，因此需要建立围绕专一任务进行决策的机制和相应的专门组织。在图书馆的层面，这种沟通与协调的机制有两种形式。一种是部门间的沟通与协调的机制，主要表现形式是图书馆的阅读推广管理机构。比如广州图书馆的社会活动推广部，佛山图书馆的阅读推广部和深圳图书馆的阅读推广部，这既可以看作是阅读推广活动的组织管理机构，也可以看作是阅读推广活动的一种沟通协调机制，其主要职责之一就是负责图书馆大型阅读推广活动、讲座、展览等的策划与组织实施，统筹、协调图书馆的阅读推广活动。图书馆阅读推广活动的另一种沟通与协调机制是项目之间的沟通与协调机制，主要表现形式为各种类型的项目小组。项目小组一般负责阅读推广活动的具体策划、组织和实施。主要成员由各图书馆负责阅读推广的部门的成员构成，人员相对较固定，小组有比较明确的分工，有完善的工作机制。比如澳门公共图书馆管理厅下辖的读者服务及推广处，下设了推广小组，为负责公共图书馆之推广活动的主要小组，小组成员有 7 名，主要来自读者服务及推广处，协调小组负责人由读者服务及推广处处长担任，主要负责文化局下辖的公共图书馆推广活动的策划、执行、安排，以及有关公共图书馆的宣传。

为了使图书馆内部各个部门之间的阅读推广活动形成合力，避免各自为战，需要构建一套沟通与协调的制度，建议制度的要点包括：①沟通与协调的原则。包括及时性原则、全局性原则、关键性原则。及时性原则是指在阅读推广活动中出现问题时要第一时间沟通协调；全局性原则是指要站在整个图书馆的整体角度看问题，最终的目的是提升整个图书馆阅读推广活动的水平；关键性原则是指在沟通与协调的过程中要抓住最能影响阅读推广活动成功的关键要素和关键环节。②沟通与协调的频率。对于跨部门的阅读推广活动，或者一些大型阅读推广活动，活动从策划到开展的周期相对较长，涉及的各个主体之间的沟通与协调贯穿于活动的全过程中，需要明确沟通与协调的频率，比如可以以周为单位、以月为单位或者以项目的阶段为单位。③沟通与协调的方式。沟通与协调的方式可以是活动沟通会、活动沟通群或者活动协调小组。④沟通与协调结果的反馈。沟通与协调结果要有相应的书面材料，并第一时间反馈给活动各相关方，成为推动下一阶段工作的依据。⑤明确各部门的分工。与其发现问题再去沟通，不如从顶层设计层面解决可能出现的问题，即在活动的方案中清晰写明各部门或各参与方的职责与分工。

参考案例

广州图书馆公共交流活动规范（节选）

第十条　建立全馆交流活动联络机制。各公共服务部门安排固定成员定期向社会活动推广部报送活动信息、活动统计、活动总结等，在每季度最后一个月定期协调下一季度重点活动计划，并保持密切沟通。

深圳图书馆阅读推广活动管理办法（节选）

第七条　全馆成立阅读推广活动联络组，其成员由各部门推选，阅读推广部审定。联络组定期召开例会，参与策划全馆读者活动，落实相关工作，及时解决出现的问题。联络组成员负责报送本部门每月活动方案，协调与本部门读者活动的相关事宜。

2.4　阅读推广活动的保障与支持制度

2.4.1　以人力资源管理制度调动馆员积极性

人力资源是阅读推广活动中最活跃的要素，阅读推广是一项具有长期性、连续性和专业化的工作，阅读推广工作从策划、组织到实施的一系列活动流程都需要图书馆员的参与、协调和推进，人员管理是图书馆阅读推广活动得以正常开展的基础。阅读推广活动的人力资源管理主要解决人员的分配、素质和培养问题。人员的素质和培养问题在本书的第 4 章节中有专门讨论，此处主要讨论人员配备和使用这一管理问题。

目前公共图书馆开展阅读推广活动的主要障碍，一是从事阅读推广活动的馆员总量不足，二是馆内从事阅读推广活动的馆员在部门之间分配不尽合理。阅读推广作为一种介入式服务，需要特别关注青少年群体、老年人群体和特殊人群的服务需求，目前图书馆的大部分人力资源集中于流通部门，而针对重点人群开展阅读推广服务的部门的人力资源难以得到有效保证。针对以上问题，阅读推广管理制度需要考虑人力资源的分配问题：①制定针对阅读推广的人力资源保障计划。通过图书馆内部的战略规划或者人力资源专项计划，专门针对阅读推广服务，制定长期的人才发展战略，从根本上解决阅读推广人员数量不足的问题。②确立人力资源的使用原则。人力资源的使用应在不影响图书馆当前服务格局的前提下，以向重点部门倾斜、向重点岗位倾斜、向重点项目倾斜为原则，重点保障阅读推广服务的开展。③合理设置阅读推广岗位。人员的合理分配是阅读推广活动科学管理的有效方法之一。阅读推广活动根据活动的形式、规模、场地大小等区别，需要配置的人员数量、岗位不同。除了阅读推广统筹管理部门的专职岗位之外，其他各服务部门也应该设置一定数量的阅读推广岗位。④人力资源的统筹协调机制。图书馆有大量跨部门和跨组织的阅读推广活动，需要多部门的参与。设立相应的统筹与协调机制，能保证集中全馆优势"兵力"，保障活动达到预期效果。

参考案例

安徽省地方标准《DB34/T 2443—2015 公共图书馆少年儿童服务规范》
（节选）

6　服务保障

6.1　队伍建设

6.1.1　应设置专职管理人员。

6.1.2　负责人应具备少儿图书阅览服务相关的专业知识。

6.1.3　全体馆员应符合下列要求：

（a）接受专业培训学习，掌握图书馆专业知识、网络理论知识、信息技术管理知识等；

（b）具备少儿心理知识和良好的职业道德，平等对待所有公众，尊重和维护读者隐私；

（c）具备计算机操作技能。

　　图书馆从事阅读推广的人群既包括在阅读推广中起主导作用的图书馆员，也包括作为补充力量的各类社会志愿者群体。专业的图书馆员在阅读推广的创意设计、内部资源的调动和活动的组织方面拥有专长，而志愿者群体在阅读推广现场的组织、活动的执行、社会资源的调动方面有着相当的优势。在传统管理实践中，大部分图书馆针对两类不同的人力资源已有相应的制度安排，但在阅读推广的背景下，管理者应着重考虑两者同为阅读推广人的共性特点，从阅读推广人的培养、管理、评估和激励等方面入手。包括：①阅读推广人的资格认证制度，在全国统一的阅读推广人资格认证制度的基础上，结合本馆的特点，制定本馆的阅读推广人资格认证制度，通过集中培训、统一考评、凭证上岗，规范阅读推广人培养体制；②阅读推广人的培训考核制度，制定本馆的阅读推广人培训计划和培训课程，明确培训内容、培训方法、考核形式等内容，将阅读推广人的培养与馆员的继续教育、职业教育等相结合，打造阅读推广人系统培训体系；③阅读推广人的评估和激励制度，制度中应明确评估的标准、评估的程序、奖励条件、奖励方式等内容，完善阅读推广人保障措施。

2.4.2　以经费管理制度提升资金使用效率

　　阅读推广活动的经费统筹管理是指图书馆在开展阅读推广活动过程中，有关经费的投入、分配、使用和制度保障等方面的制度安排，它决定着经费的内部分配和有效使用，决定着阅读推广活动能否顺利进行。目前国内公共图书馆在经费的统筹管理方面仍然存在不少问题，比如整体经费的投入不足。随着阅读推广成为图书馆的主流服务，对图书馆服务效益的提升作用明显，但是与之匹配的经费投入却并未有明显的增长；经费的分配不尽合理，馆内的大型活动、与社会机构合作举办的活动以及馆内的常规品牌活动之间经费分配比例的科学性和合理性有待探讨；经费的使用效率不高，与社会机构合作开展的很多阅读推广活动受合作方的影响，使活动安排充满不确定性，导致经费使用很被动，要么经费预算不足，要么经费难以支出；经费的使用不够规范，对于阅读推广活动经费的使用，各图书馆缺少系统的经费使用管理办法；缺少经费使用评估机制。评估机制的缺乏，使得经费的使用绩效难以评价。

　　针对上述问题，建议从以下几个方面对阅读推广活动的经费进行统筹与管理：①图书馆经费投入应该向阅读推广适当倾斜。阅读推广活动广泛开展使得图书馆的服务结构发生了质的变化，阅读推广对图书馆服务效益的提升越来越明显，按照成本效益的原则，经费的投入理应有所倾斜。②吸引社会资源参与阅读推广活动。实践表明，通过和社会机构合作开展阅读推广活动吸纳的社会投入是图书馆本身投入的数倍，这能有效地解决政府资源有限、投入不足的问题。③经费分配应坚持"效益导向"的原则。阅读推广活动作为一项公共服务，经费的使用应坚持"效益导向"的原则，通过统筹安排经费，使有限的经费发挥最大的效益，并适当向老年人、青少年和残障人士等特殊群体倾斜。④经费的分配比例应根据服务效益和未来计划统筹安排。图书馆的经费分配应由馆内根据上一年的阅读推广实际情况及未来阅读推广计划进行统筹安排，具体经费分配比例应该综合考察图书馆未来发展规划，近3—5年的阅读推广活动服务效益和馆内部门之间的分工，由各部门协商确定。⑤规范经费的使用。制定专门的阅读推广经费使用管理办法，做好专项预算，严格项目支出，规范经费使用流程。⑥建立经费的使用评估机制。经费使用的评估机制包括由谁来评估、评估的标准和原则、从哪些方面评估、评估的方法等内容。

参考案例

广州公益阅读创投项目管理办法（节选）

第十三条 项目实施主体在每次活动结束后需提交活动报告，项目整体结束后需提交结项报告，内容包括活动开展总体情况和业务记录，获得合作经费的需提供经费使用情况列表（支出明细、各项明细预算、实际支出、支出比例），其中项目实施主体为个人的，提供相关的票据或其复印件，具备条件的单位由财务出具意见均可。对于有经费使用违规行为的项目实施主体，广州公益阅读共建方将中止与其项目合作并保留追讨相关经费权利。

广州图书馆公共交流活动规范（节选）

第二十一条 活动经费使用坚持"先有预算后有支出""先审后支"

原则，以批复的预算为依据，并严格控制在预算计划内，严禁超预算或无预算安排支出，确保专项经费专款专用，并按进度及时支付。具体遵照《广州图书馆财务管理制度》《广州图书馆采购行为管理办法》等相关规定执行。

2.4.3 以物资的保障制度降低管理成本

广义的物资应指阅读推广活动中除人力资源外的所有有形的物质资源，包括文献、场地、设备设施和资金等；而狭义的物资仅指阅读推广活动中涉及的设备设施及其所需的物料部分，比如活动开展所需的音响、投影、道具，服务空间改造所需的各种材料，竞赛活动中所需要的奖品，活动宣传中所使用的展板、海报等。本节讨论的物资管理指的是狭义上的物资概念。物资管理贯穿于阅读推广活动的各个环节，目的在于最大限度地降低物资使用和管理的成本，提高物资的使用效率，支持和促进阅读推广活动的开展，是阅读推广管理过程中不可忽视的环节。目前公共图书馆均制定了系统的物资管理制度，但是对于阅读推广所需的物资管理却鲜有研究。阅读推广的活动化特点决定了其物资需求对时效性、针对性、支撑性的要求更高，活动主题不同，形式不同，对物资的需求也各不相同，不能简单地套用图书馆常规物资管理的相关制度。而实际情况是，国内图书馆在阅读推广活动的物资管理方面多采用传统管理模式，即由后勤及资产管理部门统一负责物资的采购及管理。虽然管理方面实现了统一规范，但是缺点也很突出，即容易导致物资的采购周期变长、物资保障不及时、物资难以匹配活动要求等问题。

建立合理的物资管理制度至少应该考虑以下几个方面：①采用合适的物资保障管理模式。为了提高阅读推广物资管理的效率，需要改变传统的物资管理模式，采用联合型或独立型管理模式。联合型管理模式是由阅读推广统筹部门和资产管理部门成立联合工作组，工作组专门负责活动物资需求的收集汇总、物资采购和分发、物资管理，特点是周期短、流程少、拥有较好的沟通协调机制；独立型管理模式由图书馆针对阅读推广活动成立专项物资管理部门，专门负责阅读推广活动的物资采购、分发和管理，特点是响应快、针对性强、效率高。图书馆应根据自身的特点选择适合本馆的物资管理模式。②规范阅读推广物资管理的流程。制定阅读推广活动物资保障和支持办法，对物资采购、分发和管理的流程进行规范。③建立物资统筹和协调制度。阅读推广活动的密集举办必然会带来物资保障方面的问题，例如有些图书馆一天有几十场阅读推广活动，同一时间段有多场活动同时进行，音响、投影、话筒等通用性物资如何保障，针对青少年、老年人和残障人群的特殊物资需求如何满足，需要从图书馆的层面加以统筹和协调，在保证所有阅读推广活动正常开展的前提下，向品牌活动、大型活动及针对特殊人群的活动倾斜。

2.4.4　以安全管理制度营造活动最基本条件

通过调研发现，安全管理制度是公共图书馆阅读推广活动管理中普遍缺失的制度，目前仅有少数图书馆在阅读推广的管理制度中所有涉及，已有的制度中关于活动安全管理的内容也大多比较简单，缺乏系统化的思考。国外如《美国纽约公共图书馆一般政策与规则》中辟出专门章节，对图书馆的儿童和青少年安全问题作出了详细规定，目的是为孩子们提供一个参加活动的安全环境[①]。美国汤普金斯县公共图书馆《活动政策》指出，当活动的安全性受到影响时，图书馆会对参加活动的人进行限制[②]。国内深圳图书馆在《深圳图书馆阅读推广管理办法》中对阅读推广活动的安全管理作出了比较明确的规定，包括安全管理的责任部门，相应的配套管理制度。例如第十八条规定"阅读推广部依据活动的性质、规模、受众等具体情况统筹安排活动的场地，监督场地的运行情况，在发生突发事件时协助行政部执行《深圳图书馆处置突发事件应急预案》"，第十九条规定"行政部应对阅读推广场地及设施进行安全检查与管理，并协调物业在活动期间组织安全保卫工作"，第二十条规定"行政部应对阅读推广活动进行风险评估，并有权对存在安全隐患的活动提出调整或中止意见"。西安图书馆在《数字资源阅读推广活动制度》中明确要求所有的活动计划中必须包含活动安保方案。《东莞图书馆社会教育和阅读推广活动管理办法》规定："在活动准备阶段需要制定紧急情况预案，在活动的实施阶段如果发生

---

① The New York Public Library General Policies and Rules［EB/OL］.［2020-03-10］.https://www.nypl.org/help/about-nypl/legal-notices/rules-and regulations#Attendance%20at%20Library%20Public%20Programs.

② Programming Policy［EB/OL］.［2020-03-10］. https://www.tcpl.org/ programming-policy.

突发情况或紧急情况，须及时上报并调整活动的实施行动。"

阅读推广的活动化特点，容易造成人员的聚集，使发生公共安全事件的几率增大。安全是保证阅读推广活动正常开展最基本的条件。安全管理制度是阅读推广管理制度必不可少的组成部分，应包含以下内容：①健全安全管理的制度体系。制定安全管理的相关制度、标准和指南，开展针对阅读推广安全的培训与演练，增强馆员的安全管理意识，提升应急服务能力。②建立馆内安全管理的协同机制。构建"活动—部门—馆级"的安全管理联动机制，在活动中设置安全员，部门设立安全管理小组，整个馆设置安全应急指挥部，建立馆内跨部门安全管理团队，提升针对安全管理突发事件的应对能力和应对速度。③完善安全管理的预案。组织制定或完善专门针对不同类型阅读推广活动的应急管理预案，包括明确阅读推广活动的具体安全责任，有关部门和人员的职责，组织的原则和纪律要求，危机发生时的具体行动方案，事后的处置等。④遵循"全体安全，照顾重点"的原则。一旦发生安全事件，应在保证所有参与活动读者安全的前提下，给予青少年读者、老年读者、残障读者更多的关注，这部分读者或年龄小，或反应慢，或行动不便，一旦处理不好，容易造成重大安全事故，是安全管理的"短板"，需要给予重点关注。⑤将安全教育和阅读推广相结合。公共安全突发事件的结束并不意味着影响的终止，活动参与者的焦虑、抑郁、恐惧等心理可能会持续较长时间，需要及时进行干预。公共图书馆可以将安全教育和阅读推广相结合，利用馆藏资源对馆员和读者进行安全素养教育，同时利用阅读疗法进行相应的心理辅导，过程中产生的一系列资料可以作为日后开展相关服务的基础①。

---

① 柯平,包鑫.公共图书馆在应对公共安全突发事件中的地位和作用[J].图书馆论坛,2020 (4):109-112,150.

参考案例

深圳图书馆阅读推广活动管理办法（节选）

第四章 安全管理

第十八条 阅读推广部根据活动的性质、规模、受众等具体情况统筹安排活动场地、监督场地运行状况，在发生突发事件时协助行政部执行《深圳图书馆处置突发事件应急预案》。

第十九条 行政部应对阅读推广活动场地及设施进行安全检查与管理，并协调物业在活动期间组织安全保卫工作。

第二十条 行政部应对阅读推广活动进行风险评估，并有权对存在安全隐患的活动提出调整或中止意见。

2.4.5 以宣传与推广管理制度提升社会效益

阅读推广宣传工作的目标是揭示阅读推广活动成果，推动阅读推广活动顺利开展，提升图书馆公共文化服务的社会效益，扩大图书馆的社会影响力，维护图书馆的公众形象。宣传是读者获取图书馆和阅读推广活动信息的重要途径，是构建社会交流与沟通的重要手段。国际图联在《基于图书馆的素养项目指南》中指出：图书馆需要向外界介绍自己成功的阅读推广项目，通过设立工作组、张贴海报、发放资料、与其他机构合作等手段向图书馆用户、政府官员、社团组织、媒体介绍和推广图书馆进行阅读推广的原因、方式和目标等[1]。《国际图联0—18岁儿童图书馆服务指南》也强调阅读推广活动宣传的重要意义，即图书馆需要确保其利益相关者和社群理解儿童服务的价值和影响[2]。美国哈德逊公共图书馆在其活动政策中明确要求"提供活动以吸引所有

---

[1] Guidelines for Library-Based Literacy Programs [EB/OL]. [2020-03-15]. https://www.ifla.org/publications/guidelines-for-library-based-literacy-programs.

[2] 国际图联0—18岁儿童图书馆服务指南 [EB/OL]. [2020-03-10]. https://www.ifla.org/files/assets/libraries-for-children-and-ya/publications/ifla-guidelines-for-library-services-to-children_aged-0-18-zh.pdf.

年龄段的公民，针对目标人群为特定年龄段的活动进行宣传"①。

宣传制度作为阅读推广管理的重要制度，需要综合阅读推广活动宣传的不同特点和要求，制度构建的要素应该包含以下几个方面：①宣传工作制度遵循的原则。阅读推广活动的宣传应该遵循公开、真实、生动、积极主动的原则。②不同宣传资源的整合。常见的阅读推广宣传途径有阵地宣传（馆内宣传）、网络宣传和媒体宣传。阵地宣传应该和馆内的导视系统与公告系统相结合，着眼于阅读氛围的渲染、阅读环境的营造和阅读品牌的塑造。网络宣传是最有效的宣传途径，包括网站、移动门户、微博、微信和新媒体等手段，主要用于阅读推广活动的推介、与读者的互动、问题的解答等。媒体宣传是图书馆宣传工作的薄弱环节，电视、广播、报纸等传统媒体在对外输出阅读推广的品牌影响力、争取社会资源参与和支持方面具有举足轻重的作用。国内广州、深圳、上海、嘉兴等阅读推广活动开展比较好的地区，都特别注重媒体融合宣传的作用，通过整合不同的宣传资源，构建立体化的阅读推广宣传网络，扩大社会影响，调动各方资源来支持图书馆的阅读推广活动。③宣传工作的职责与分工。阅读推广的宣传工作应该伴随着阅读推广活动的全过程，阅读推广的统筹管理部门作为阅读推广活动的主要负责部门，其余各支持部门应积极配合阅读推广的宣传工作，协同推进各个平台和渠道的宣传，同时每位员工均有宣传阅读推广活动、维护图书馆公众形象的责任。④宣传效果的评估。应该定期对阅读推广宣传工作的情况进行统计和分析，作为调整宣传策略的重要依据。⑤宣传制度的完善。阅读推广的宣传制度应该随着阅读推广活动进行不定期的调整，对阅读推广活动中出现的新问题和新情况予以解决和回应，使宣传制度在执行和落实中不断完善。

① 译自：Library Programming［EB/OL］．［2020-03-10］．https://www.hudson.lib. ia.us/library-information/policies/access/library programming.pdf.

参考案例

佛山市图书馆文化活动执行要求（节选）

活动要求		执行流程细则
方案宣传要求	1.活动方案： 单体活动或具有重复性的系列活动，须有相应的活动方案，方案内容包括活动主题、活动执行、活动目标、活动计划等。（注：常规活动和外来活动可按月提交）	（1）活动主题：包括活动举办的意义、背景、必要性以及可行性。
		（2）活动执行：包括该项活动实施的步骤与流程。
		（3）活动目标：包括参与人数、活动效果等。
		（4）活动计划：包括执行时间、人员分工、物料清单等。
	2.活动宣传： 单体活动或具有重复性的系列活动，须进行有计划、有部署的宣传安排，做到内容统一、形式多样，并充分利用好我馆自有媒体及社会媒体资源，提高宣传的有效性。	（1）资料制作：文稿宣传、海报设计以及公共宣传品须符合《佛山市图书馆宣传品设计制作操作指南》《佛山市图书馆微信公众平台管理细则》《佛山市图书馆 LED 显示屏使用及管理规范细则》等规范要求。
		（2）资料审核：根据《佛山市图书馆读者活动审核规定》《佛山市图书馆宣传稿件审核制度》等文件的要求，执行分级审核流程。
		（3）活动发布：活动开始前 3 天，须在本馆网站、微信公众号、电视图书馆、"佛山文化云"等平台同步发布活动预告。

2.5 阅读推广活动的反馈与评估制度

阅读推广是一个动态的过程，阅读推广的总结与评估制度作为阅读推广常态化管理的工具，可以帮助图书馆管理者进一步了解读者的需求，为活动的策划与设计提供依据，同时可以帮助图书馆了解阅读推广的实际效果，为阅读推广的战略调整指明方向。目前公共图书馆阅读推广活动的总结与评估存在着评估机制缺乏，评估体系不健全①，评估指标和方法不规范等问题。一些活动的参与者寥寥，而另一些活动却现场爆满，这种鲜明的对比背后的原因是什么，读者真正喜欢的、感兴趣的活动需要具备什么样的要素，都需要通过活动结束之后的评估加以提炼和总结。一些图书馆单纯追求阅读推广的数量，忽略了对质量的追求，举办活动随意性较强，主题缺乏连贯性和系统性，在这种情况下如何保证阅读推广活动的效果，也需要通过评估加以明确。国际图联《公共图书馆服务发展指南（第二版）》指出："图书馆应当定期评估其推广和宣传工作，并确保评估的结果能够成为未来项目规划的参考依据。"② 国际图联在《在图书馆中用研究来促进识字与阅读：图书馆员指南》中指出，研究能够帮助图书馆员有效收集数据和实施测评，帮助图书馆员提高推广效率，不断进步和增进影响③，既强调了研究对阅读推广的作用，也凸显了国际图联对阅读推广的评价的关注。纽约公共图书馆战略规划中对阅读推广策略每一个目标均有对应的评估方法④。葡萄牙在《国民阅读计划》中建立了一套覆盖全国各类人群的评估指标⑤。从国内来看，第六次全国县级以上公共图书馆评估定级，也专门设置了相应的指标来评价"阅读推广活动"。

评价是指在图书馆管理实施过程结束之后，根据管理的成效，对图书馆管理过程的各项活动进行全面的检查、比较、分析、论证和总结的一项管理活动，其目的是通过评价得出规律与启示，从而不断提高管理水平，取得更好的管理效益，实现管理的良性循环。图书馆在管理过程结束之后，需要对其所获得的管理成绩和效果进行相应的评价，从中总结经验和教训，为下一轮的管理

① 司新霞. 高校图书馆阅读推广活动的评价问题［J］. 大学图书情报学刊,2013（2）:58-60.

② 国际图联《公共图书馆服务发展指南（第二版）》［EB/ OL］.［2019-12-04］. http://www.chinalibs.net/Upload/Pusfile/2015/12/4/201512417348909.pdf.

③ Using Research to Promote Literacy and Reading in Libraries：Guidelines for Librarians［EB/ OL］.［2020-02-18］. https://www.ifla.org/files/assets/hq/publications/professional-report/131.pdf.

④ 曹树金,王志红. 中美城市公共图书馆战略规划中阅读推广策略比较研究［J］. 图书情报研究,2016（1）:11-16,22.

⑤ 胡维青,陈淑英,张艳花. 葡萄牙"国民阅读计划"的评估及启示［J］. 图书馆工作与研究,2015（3）:76-79.

循环提供依据，打好基础，以便不断提高图书馆管理工作的水平。因此，评价既是图书馆管理过程的归宿，又是图书馆管理过程的出发点[①]。对图书馆阅读推广进行管理，一个重要的任务是在阅读推广活动结束后，对活动进行总结与测评，这既是不断优化活动、提升服务效率的必要措施，也是对阅读推广项目进行宣传的需要[②]。图书馆的阅读推广活动经费大部分来自政府公共资金的支持，必须关注阅读推广活动的实效，保证公共资金发挥其最大的效益。评价一方面可以帮助图书馆总结好的经验并加以推广，另一方面可以帮助图书馆重新审视阅读推广中忽略的问题并加以持续改进，最终推动全民阅读的高质量发展。

2.5.1　以阅读推广活动评估制度实践"五个绩效"

岳修志等人通过系统的研究认为，阅读推广评价要注重五个方面的绩效：第一是管理绩效，第二是经济绩效，第三是社会绩效，第四是生态环境绩效，第五是可持续发展绩效。

管理绩效是指在阅读推广活动的实施或开展过程中，对其中的管理行为进行考核和评价的结果。阅读推广活动的管理绩效评价要素主要包括：

（1）阅读推广活动组织者的能力：反映出组织者对于阅读推广活动的管理水平。

（2）开展过程因素：活动成本、质量、进度的管理绩效等。

（3）综合管理因素：活动的制度、规划过程、监管、文档管理绩效等[③]。管理绩效是评价阅读推广活动绩效的基础和重要组成部分，以阅读推广活动管理者为被评价主体，对其阅读推广活动的管理工作情况实行动态检查、监督和评价考核。在评价阅读推广活动的管理绩效时，应覆盖活动从活动前到活动后的完整生命周期，即全过程评价，具体可以分为计划和方案评价、活动实施评价、活动影响评价等[④]。

---

① 李良艳,陈俊霖,孙杏花. 现代图书馆管理理论研究[M]. 北京:中国商务出版社,2018:54.

② 范并思. 论图书馆阅读推广的理论体系[J]. 图书馆建设,2018(4):53-56.

③ 岳修志. 阅读推广活动管理绩效评价要素和内容分析[J]. 国家图书馆学刊,2019(2):32-39.

④ 岳修志. 阅读推广活动的评价指标体系构建及其实证研究[M]. 北京:中国社会科学出版社,2021:34-36.

经济绩效是从经济学的角度，来评价阅读推广活动的经济效益，可分为阅读推广活动的财务评价和国民经济评价两部分。财务评价是通过计算阅读推广活动直接产生的财务费用和效益，编制财务报表，考察阅读推广活动的状况，给出阅读推广活动财务保障的可行性论证；国民经济评价是计算阅读推广活动对国民经济和社会文化的贡献，分析阅读推广活动的经济效益、效果和对社会的影响，评价阅读推广活动在宏观经济上的合理性[①]。

社会绩效要系统性地调查和预测活动的社会影响和社会效益，分析活动和所在区域社会环境的相互适应性与可接受程度，即能否实现活动与社会之间的协调发展。根据国家或地区的基本目标，把效益目标、公平目标、环境目标，以及影响不同地区经济和文化发展的其他因素一起考虑，对阅读推广活动进行多因素、多目标的综合分析评价，从而挑选并实施那些有助于实现国家或地区最终目标的阅读推广活动[②]。

阅读推广活动的生态环境绩效主要包括自然资源节约及综合利用绩效、美学及环境质量绩效、污染控制绩效等[③]。与高污染、高能耗、高排放的项目相比，阅读推广活动是环保型项目。即使如此，活动评价仍要考虑环境绩效。因为在阅读推广活动中产生的海报、宣传条幅、幕布等，都与环境保护有密切关系。另外，在阅读推广活动中图书等文献资源的重复利用问题，也是进行活动策划时应考虑的因素。

阅读推广活动的可持续发展主要包括活动自身的可持续发展、活动对国家和地区持续发展的影响两个方面。对阅读推广活动可持续发展的评价应该坚持动态的控制性原则、经济效益的合理性原则、社会影响的合理性原则、生态环境影响的相容性原则、活动创新的效益性原则、可持续评价的指导性原则。阅读推广活动的可持续发展绩效主要包括：活动自身的可持续绩效；经济投入的可持续性；环境与资源的可持续绩效；社会发展的可持续绩效等。

2.5.2　以阅读推广活动评估制度构建活动效果

公共图书馆有必要建立一个科学的总结与评估制度，科学全面地评价阅读

---

①②③　岳修志.阅读推广活动的评价指标体系构建及其实证研究［M］.北京:中国社会科学出版社,2021:34-36.

推广活动的效果，更好地总结经验，其制度构建应包含：①评估机制的建立。评估机制的建立应以科学、合理的评估制度作为保障，而评估制度基本导向应是绩效原则。阅读推广评价的最终目的是以评促管，通过评估实现图书馆内部资源的优化配置，将有限的资金、人力、设备等资源投入可以取得较好社会效益的阅读推广活动中[①]。②评估指标体系的构建。一套科学的评估指标体系是保证评估工作开展的前提，指标体系的构建应坚持"因地制宜"的原则，根据本馆阅读推广的实际情况及未来规划加以确定，具体指标的确定需实现"三个结合"，即将定性考核和定量考核结合、主体考核（活动的组织者）和客体考核（活动的参与者）结合、投入和产出结合[②]。不论构建何种指标体系，必须体现上节提到的管理绩效、经济绩效、社会绩效、生态绩效和可持续发展绩效五个重要方面。③评估的实施。评估的实施需要考虑由谁来实施和在哪个层面上实施，考核的执行者应该是阅读推广活动的管理者、组织者和参与者共同构成的评估工作组，可利用图书馆现有的机制如读者委员会、咨询委员会等。实施评估的层面应包括图书馆层面、部门层面，其中图书馆层面主要评估阅读推广的整体效益和影响力，部门层面则重点评估活动的流程规范、预期效果。④评估的结果和反馈。评估的结果可以作为考核活动的成绩、人员绩效，以及总结经验、对相关人员进行激励的重要依据。及时将评估的结果公开，并由此对之后的工作进行检验，借鉴其中的优秀经验，可以有效改进未来阅读推广活动的开展。

---

①② 李迎. 高校阅读推广活动评估机制构建与研究［J］. 图书馆工作与研究,2018（11）：124-128.

3 内容为主：公共图书馆阅读推广活动内容制度

3.1 阅读推广活动内容制度现状

欧美公共图书馆活动内容制度建设起步相对较早，而我国公共图书馆阅读推广活动内容制度建设尚在起步阶段。结合国内外公共图书馆实践，纵观世界范围内的阅读推广活动制度，当前阅读推广活动内容制度建设可以概括为以下几个方面：

3.1.1 内容发现与获取

伴随着公共图书馆阅读推广活动的快速发展，图书馆阅读推广活动内容涉及的主题和类别丰富多样，基本涵盖了人类知识的所有学科门类。吴惠茹对中美图书馆讲座比较时发现："从被调查的中国 10 所图书馆的讲座主题与内容来看，我国公共图书馆举办的讲座涵盖文化、艺术、科学、法律、时政等多个领域，其中'文化'主题几乎每个图书馆都会涉及。""美国公共图书馆的讲座内容也涉及历史、人文、地理、旅游、金融理财、自然保护、日常生活等方方面面。"[①]另据魏佳对上海市徐汇区图书馆的调查："从读者感兴趣的图书馆活动主题的调查结果可知，选择人数最多的是'科普知识'这一主题，而参与此次调查的对象几乎都是成年人。然而，目前徐汇区图书馆举办的科普知识活动基本上面向的都是少儿读者，鲜少有成年人参与的科普活动。这也从一个侧面反映出，在部分读者感兴趣的、喜欢参加的活动上，徐汇区图书馆还存在空白或数量过少的情况。"[②]

读者对活动的需求与兴趣是公共图书馆开展阅读推广活动的前提和基础，

---

① 吴惠茹.中美公共图书馆讲座服务对比与启示[J].图书与情报,2011(12):94.
② 魏佳.上海市区级图书馆公共文化服务活动供给研究[J].图书馆学刊,2022(7):45.

图书馆需要持续对读者兴趣与需求开展调研，发现并获取读者感兴趣的活动主题与内容，以此为基础策划相应的阅读推广活动。楼晶指出："长期以来，公共图书馆推广活动都不分性别、不分年龄、不分族群，从推广的角度来看没有目标，从图书馆绩效层面而言则难以显示出绩效。由于全体读者群并非相同，具有不同特征与要求，针对图书馆读者其特殊习性或需求予以分群，发展不同的推广组合，可达到更好的效果。"① 蔡冰也认为："策划某一项读者活动特别是一些大型读者活动，可行性调查研究必不可少。只有调查研究做得越细致、越充分，活动的策划才有根基，成功率才越高。"② 由此可见，对读者兴趣和需求进行调查研究是活动成功的重要基础，缺乏这个基础，就很可能出现图书馆举办的活动与读者实际需求不符的问题。这样的活动即使做得再好，读者也不会参与，最终活动现场门可罗雀也是自然之理。

对于上述现象和问题，当前公共图书馆有没有相关的制度进行规范？这些制度规范各自优缺点分别有哪些？图书馆如何借鉴吸收不同图书馆的相关经验从而形成适合自己的政策内容，进而指导和制约阅读推广活动内容的发现与获取？

综合而言，社会需求与兴趣既可能来源于民众个体层面，也可能来自所在社区的群体层面，还可能来自政府组织层面。国内外公共图书馆都有一些具有借鉴意义的指引与规定。美国辛辛那提公共图书馆有关馆员选择活动主题、嘉宾和相应资源的标准第一条就是社区需求和兴趣③。美国图书馆协会（ALA）发布的《青少年活动指南》指出，图书馆策划的活动需要反映服务社区人群的需求和特点，具体方法包括收集和获取社区人口信息、持续发现活动覆盖不足区域、了解其他组织或团体为该群体提供服务情况、与目标群体社区领导建立联系、宣传推广活动项目以争取馆内经费支持、把有限资源投入其他组织未提供的领域以及与目标群体建立联系等九个方面④。从中可以看出，这里指的青

---

① 楼晶.基于读者偏好的公共图书馆推广策略研究［D］.杭州:浙江大学,2009:62.

② 蔡冰.图书馆读者活动的策划与实施［J］.图书馆学刊,2009（7）:61.

③ Policies Library Programs［EB/OL］.［2019-11-22］.https://www.cincinnatilibrary.org/policies/programs.html.

④ 美国图书馆协会青少年活动指南［EB/OL］.［2019-11-22］.http://www.ala.org/yalsa/sites/ala.org.yalsa/files/content/TeenProgramingGuidelines_2015_FINAL.pdf.

少年兴趣和需求是针对社区群体层面的，没有涉及个人和政府层面。在具体社区群体兴趣与需求分析方面，指南给出了详细的指引。如，除全面调查青少年群体的兴趣和需求外，还要调查社区其他机构满足了哪些兴趣和需求，哪些尚未得到满足。这样既可以突出图书馆能够满足的兴趣和需求，把图书馆有限的资源用在刀刃上，又考虑到图书馆作为社区有机整体的一部分，必须与社区其他机构形成合力，共同满足社区青少年的兴趣和需求。此外，指南还提供了在馆内如何争取经费等资源支持的指引，以及在馆外如何通过其他图书馆和青少年群体扩大这些活动项目的影响的指引，把社区其他组织和机构为青少年群体提供的服务介绍给有兴趣和需求的青少年群体的相关指引。

金陵图书馆在《金陵图书馆读者活动综合纲要》及相关规定中指出："各部门品牌活动（项目）的策划应围绕'阅美四季'整体框架中提出的意识形态领域、社会主义核心价值观、优秀传统文化、业界重要及常规时间节点等，主题尽量贴近各大篇章。"政府层面的需求往往是通过政策文件内容体现的，阅读推广活动政策上采纳这些内容是图书馆落实政府对活动主题和内容需求的制度体现，可以使图书馆活动内容符合政府层面的行政要求，这在国内公共图书馆活动政策中非常普遍。

东莞图书馆在《东莞图书馆社会教育与阅读推广活动管理办法》第四条"管理要求"（一）"总体目标方案制定"要求："根据读者调查结果分析、上年度计划执行情况考核与评价，以及"主题年"工作重点等，各部门制定相关工作项目方案及工作计划。"东莞图书馆这一规定，很好地考虑了读者个体的兴趣和需求，值得公共图书馆在活动内容发现与获取方面参考借鉴。

3.1.2 内容评估与选择

随着社会需求的不断变化，公共图书馆的功能也在不断演化，近年来主要体现在休闲娱乐和公共交流平台两个功能方面。深圳图书馆原馆长吴晞指出："当今的图书馆，尤其是公共图书馆，已经从一个机构、一个场地变为一个平台，其作用也从传统的有限空间，拓展为更为广阔的相对无限的领域。这个变化是 21 世纪以来图书馆最为重要的转型。……图书馆阅读推广的本质属性，就是适应了图书馆从机构到平台的这种变化，让资源和服务突破图书馆馆舍的窠臼。"[①] 广州图书馆馆长方家忠也提出了公共图书馆作为社会"第三空间"的功能定位——公共交流平台[②]。

在上述功能定位变化的指引下，图书馆阅读推广进一步快速发展，公共图书馆阅读推广活动内容涉及的主题更加丰富多彩，基本涵盖了全部类别。魏佳对徐汇区图书馆活动进行调查发现："徐汇区图书馆为读者们举办的各类活动不再仅仅局限于简单的读书活动，主题涉及各个领域，上到天文、下至地理，以及与阅读相结合的音乐、美术、科技等主题活动。"[③] 活动内容主题的泛化给图书馆带来了诸多问题，近年业界有关"图书馆娱乐化倾向"的讨论就是其中之一，而其中大多数内容都与阅读推广的内容密切相关。万行明、李博阳在《我国图书馆阅读推广服务标准化建设研究》一文中也指出："近年来，我国不少图书馆奉行'拾到篮里都是菜'的思想，不加区分地将许多与推广阅读无关的项目硬性植入图书馆服务之中，而将图书馆推广阅读的终极目标置之脑后，导致'耕了别人的田，荒了自己的地'的现象一再发生。这种现象存在的根源，在于图书馆从业者对阅读推广基本原则和服务边界认知上的混乱。"[④] 对活动内容评估和选择缺少相应的原则、标准和具体指引等制度规定，图书馆人面对不同的主题内容可能出现难以决策的情形，同一馆内不同人、不同部门做出的决策会出现很大的偏差，有时甚至会出现互相矛盾的情况。

那么，图书馆如何对阅读推广活动内容主题进行评估与选择呢？相关的政策规定涉及哪些内容？如何表述？

首先，图书馆在确定活动内容涉及的主题和类别时，需要与图书馆的功能与使命相一致。楼晶在比较国内外公共图书馆阅读推广主题内容与其功能定位后指出，各个图书馆都有对自己功能目标的不同理解，并在活动策划与举办上选择与其功能定位相一致的主题，比如："深圳图书馆的定位中有将深圳建设为'图书之城'的战略目标，因此在'阅读推广'这一类活动的比例上比其他

---

① 吴晞. 图书馆阅读推广的若干热点问题[J].公共图书馆,2015(12):2.

② 方家忠.公共交流平台:公共图书馆服务的新模式[J].图书馆论坛,2015(12):19-24.

③ 魏佳.上海市区级图书馆公共文化服务活动供给研究——以徐汇区图书馆为例[J].图书馆学刊,2022(7):45.

④ 万行明,李博阳.我国图书馆阅读推广服务标准化建设研究[J].图书馆论坛,2019(9):110.

图书馆都高，以推动阅读氛围，扩大图书馆影响。"①国内外公共图书馆都有一些这方面的政策，具体包括：温哥华公共图书馆的活动政策申明和使命陈述分别是"图书馆活动应该促进故事、思想和信息的交流"和"图书馆致力于为每个人发现、创造、分享思想和信息提供免费服务"②，活动政策紧紧围绕其使命展开。澳大利亚悉尼市公共图书馆活动政策在功能与使命基础上还对主题进行了细分，便于实际操作指引。该馆《活动政策》中在使命、目标之下确立的主题主要有讲故事、动手学习、提供机会三个方面，讲故事具体包括庆祝和创造城市、社区和个体的故事，动手学习包括鼓励通过手工、艺术、数字创造和科学学会创建、制造和维修的知识和技能，提供机会为读者就未知主题传递知识，激发兴趣，构建能力。这些主题的限定为图书馆活动开展提供了重点指引，能够有效指导图书馆的活动实践。我国深圳图书馆在《深圳图书馆阅读推广活动管理办法》第二条中明确提出："阅读推广活动以公益性质为前提，以提升市民文化素养，促进全民阅读为目的，包括讲座、展览、培训、竞赛、沙龙、演出等形式。"活动政策与图书馆提升市民文化素养、促进全民阅读的功能和使命也是相一致的。

图书馆馆藏和服务使用也是活动内容评估和选择的重要依据，国内外公共图书馆对此多有明确的规定。温哥华公共图书馆在活动政策中明确规定图书馆通过活动和展览，激发图书馆和馆藏的使用。深圳图书馆在《深圳图书馆阅读推广活动管理办法》也明确提出"以宣传图书馆、推介图书馆的资源与服务为核心"。

另外，上级政府部门的政策文件、规划计划等也是图书馆评估与选择活动内容的重要参考。《深圳图书馆阅读推广活动管理办法》第三条规定："阅读推广活动按年度计划开展，配合全市年度重点活动，完成上级下达工作任务。"《广州图书馆公共交流活动规范》第十一条规定："活动应当坚持社会主义先进文化前进方向，弘扬社会主义核心价值观，传承中华优秀传统文化，自觉维护国家文化安全，遵循本馆读者活动意识形态管理工作指引。"《广州图书馆意识形态工作管理办法》第十条指出："各部门应当做好日常意识形态安全防范。

---

① 楼晶.基于读者偏好的公共图书馆推广策略研究[D].杭州:浙江大学,2009:25-26.

② 译自:Programming at Vancouver Public Library Policy[EB/OL].[2019-11-22].http://www.vpl.ca/policy/programming-vancouver-public-library-policy.

加强活动内容审核和源头管理。"《广西图书馆阅读推广部读者活动管理办法》要求:"组织开展的各类读者活动必须坚持正确的思想导向,遵守宪法、法律和本馆的规章制度,不得损害国家、社会、学校的利益和公民的合法权益。不得举办涉及下列主题及相关内容的讲座、展览、读书会、研讨会、电影播放等读者活动:(一)反对宪法所确定的基本原则;(二)危害国家安全,泄露国家秘密,颠覆国家政权,破坏国家统一;(三)损害国家荣誉和利益;(四)煽动民族仇恨、民族歧视,破坏民族团结;(五)破坏国家宗教政策,宣扬邪教和封建迷信;(六)散布谣言,教唆犯罪,煽动非法聚集,扰乱社会秩序,破坏社会稳定;(七)侮辱或者诽谤他人,侵害他人合法权益,或者仿冒、假借国家机构、社会团体或其他法人名义;(八)含有法律、行政法规禁止的或有悖公序良俗的其他内容。"

3.1.3 内容整合与协同

公共图书馆阅读推广活动经过近20年的发展,已经有了长足的进步,但在活动内容的整合与协同方面,尤其是在制度、机制和相应的操作指引上存在欠缺。阅读推广活动开展团队、部门各自为政,常常出现不同部门活动主题内容雷同、同一主题内容的活动因部门行政分割而没进行有机整合的问题,活动整体效果有限,难以大幅提升。洪伟达、马海群指出:"目前,我国图书馆的阅读推广大多处于实践摸索状态。一些图书馆对阅读推广的认知存在偏差,服务模式仍停留在书刊推荐、咨询解答、讲座培训等传统模式,阅读推广活动重实施、轻策划,导致目标模糊,随意性较强,策划、组织、操作、实施不够科学,内容同质化问题较为严重,缺少整体策划。"[1]

针对上述问题,不少图书馆已经采取项目制等方式进行整合与协同。比如佛山市图书馆为解决活动主题内容零散和低效的问题,"将项目管理的理念和精华应用到图书馆阅读推广服务中,对复杂性的服务活动进行统筹和全面规划、组织跨部门的团队、协调组织内外资源、建立统一的管理机制,能很好地提升管理效能"[2]。

---

① 洪伟达,马海群.图书馆阅读推广规范研究[J].图书情报知识,2018(1):38.

② 庞建民.项目管理在公共图书馆阅读推广中的应用研究[J].图书馆研究,2017(3):37.

国内外公共图书馆在活动内容涉及的主题和类别、载体及形式等方面的相关政策规范制定上，有一些较好的案例，考虑到了不同主题之间、同一主题不同载体及形式之间的统筹与协调。例如，美国辛辛那提公共图书馆建立专门的活动与展览办公室，统筹全馆各类活动，在选择社会活动申请时，既考虑与社区活动、展览的关联，还考虑与馆内馆藏、资源、展览和活动的关联[①]，较好地考虑了图书馆活动内部和外部的协同发展问题。深圳图书馆制定的《深圳图书馆阅读推广活动管理办法》在第二章职责与分工中进行了规定：

> 第五条　阅读推广活动部全面负责各项活动的日常统筹、协调、组织工作，并在以部门为主导的专业化资源与服务推介活动中支持、配合各业务部门。
>
> 第七条　全馆成立阅读推广活动联络组，其成员由各部门推选，阅读推广活动部审定。联络组定期召开例会，参与策划全馆读者活动，落实相关工作，及时解决出现的问题。联络组成员负责报送本部门每月活动方案，协调与本部门读者活动相关的事宜。

金陵图书馆也在《金陵图书馆读者活动综合纲要》中规定："金陵图书馆读者活动扎口汇总部门为文创发展部。文创发展部根据年度相关时间节点，发布《年度金陵图书馆"阅美四季"系列读者阅读推广活动策划总图表（范式版）》。""倡导市区联动，鼓励区馆品牌活动（项目）与市馆等对接，逐步形成协调发展、共建共享的全民阅读氛围。"国内已有图书馆的规定主要是从管理机制上对活动内容进行整合，还缺乏对同主题面向不同群体活动内容、不同群体对同一主题不同载体与形式内容的整合与协同的相关制度规定。

3.1.4　内容审核与监督

阅读推广活动内容的质量和水平是影响活动专业性和效果的重要因素。对内容进行审核与监督，在保障阅读推广活动内容的质量和水平方面发挥着关

---

① Policies—Library Programs［EB/OL］.［2019-11-22］.https://www.cincinnatilibrary.org/policies/programs.html.

键作用。目前图书馆阅读推广内容审核与监督还存在以下问题：一是未能明确适用性，导致活动内容并不适合参加活动读者的年龄及水平。吴惠茹指出："从我国公共图书馆发布的讲座信息来看，一般默认为讲座面向的是'广大市民'，听众定位笼统。图书馆一般不会明确说明哪些听众群体适合来听某场讲座，这就会导致有些市民去到现场后才发现'原来这场讲座不适合我'。"① 范并思教授也指出："图书馆，特别是公共图书馆的服务，是面向所有人的服务。面向所有人的图书馆服务不排斥任何人的参与，但并非图书馆的每一种服务都适用于所有人。也就是说，在具体的图书馆服务设计时，图书馆管理者需要考虑特定人群的需求。图书馆阅读推广作为一种图书馆服务，也有其特定的目标人群，在研究图书馆阅读推广时，需要对阅读推广的目标人群进行研究。"② 二是活动内容专业衡量标准不明晰，包括两种：一种是阅读类活动，往往体现图书馆人的专业水平，但还缺乏相应的专业衡量标准规定。戴晓颖等指出："必须制定阅读推广人长期学习培训计划，培养阅读推广专业人才，从事阅读推广工作的联络员、社会合作单位的联络人员都应成为培训对象，我们的阅读推广活动应改变'闭门造车'的习惯，要开门引智，高度重视创意环节，特别要注意邀聘广告界、美术界、文学界的高端专业人才参与活动的创意、策划，并公布方案，在较大范围内征求读者意见，以提高活动主题的创意水平，推出一些主题响亮、口号鲜明、内容精彩的阅读推广活动。"③ 另一种是非阅读类活动，传统活动如艺术类活动，新型活动如创客类活动。这类活动因涉及的专业已超出图书馆人通常掌握的范畴，如果没有完善的审核机制及配套的专业人员，可能导致内容质量良莠不齐，对图书馆的活动品牌和形象造成负面影响。这些问题也需要通过制度化的规定进行相应的解决。

对在图书馆举办的各类活动内容进行审核与监督需要有相应的规定、细则及程序等规范。国内外公共图书馆也有一些措施：美国辛辛那提公共图书馆在馆员选择活动主题、嘉宾和相应资源的标准上有三条相应的规定，分别是"活

---

① 吴惠茹.中美公共图书馆讲座服务对比与启示[J].图书与情报,2011(12):95.

② 范并思.阅读推广与图书馆学:基础理论问题分析[J].中国图书馆学报,2014(5):6.

③ 戴晓颖,冯睿,陈艳伟,等.深圳图书馆阅读推广发展策略探析[J].公共图书馆,2017(1):30.

动内容呈现方式、内容质量、作者在内容领域的背景和资质"①。从这个规定内容来看，相对比较全面，但过于简单，还需要进一步细化，以便行之有效地指导图书馆员对活动内容进行审核与监督工作。在国内，陕西省图书馆也有相关的规定，该馆的《"学在陕图"公益课堂活动规定》第三条要求从主讲人和授课能力两方面进行审核，具体如下：

公益课堂主讲人审核程序：

（一）主讲人应出于公益意愿参与活动，并提供工作履历、宣讲经历（应反映受众人群及数量、社会影响力等）、相关资质证明等。课程负责人在核实资料真实性后方可发布。

（二）授课能力审核：

1. 主讲人提供视频或音频资料，由课程负责人组织相关专业人员试听审核。

2. 主讲人现场试讲或馆外试讲，由课程负责人组织相关专业人员试听审核。

在第四条公益课堂的课程管理中第六点还规定"工作人员有监督主讲人授课内容的义务，如有违反我馆相关规定，需给予警告或叫停课程"。陕西省图书馆的课堂活动规定较好地解决了图书馆活动嘉宾的专业水准及活动实施过程中的监督，能够很好地控制讲座活动内容的质量和专业水平。广州图书馆在《广州图书馆公共交流服务专家咨询委员会章程》第二条专家职责中规定："专家咨询委员会的职责是为本馆提供专业、中立、公平、公正的建议，即评估是否接受社会主体的活动申请，并由本馆免费提供场地服务。""评审标准：活动是否已达到在本馆举办的水准，包括拟展示作品、策划组织、邀请嘉宾等。"广州图书馆通过制定专家咨询委员会章程能够很好地解决图书馆专业之外的活动的质量和专业水平。

---

① Policies—Library Programs［EB/OL］.［2019-11-22］. https://www.cincinnatilibrary.org/policies/programs.html.

3.1.5　内容保存与再利用

如前所述，活动内容还包括阅读推广活动中产生的各类内容资源，如：讲座的课件及口述内容、展览的展品、展刊等各类文献衍生品；图书馆员在活动中创作或记录的内容，如宣传海报、录音录像、策划方案、项目文件、主持稿、总结文档等；读者对活动的各类反馈，如互动提问、意见建议等。它们对于图书馆资源建设、活动管理、发展历程具有重要意义。对内容的保存和利用是图书馆的重要职责之一，活动内容的保存和再利用是其中重要的组成部分，对于常态化开展的阅读推广活动来讲尤其如此。对阅读推广活动中产生的文献衍生资源的保存和再利用是图书馆积累资源、扩大活动影响的重要方式。程焕文教授指出："图书馆的基本职能就是要收集、保存、传递和传承我们的文化遗产和知识资产。这是最重要的工作，是我们的一切工作的出发点。图书馆的一切工作都是从知识资源的积累开始的，因此，也就必须把知识资源的积累当作我们工作中最主要的任务。"[①]因此，图书馆有必要重视并保存阅读推广活动产生的知识资源，将其作为知识资源积累和专题资源建构的重要组成部分。对于图书馆员在活动中创作或记录的内容进行系统保存，客观如实反映活动全过程，为图书馆活动管理留下第一手资料，使图书馆能够通过这些资料分析总结经验得失，促进活动的科学管理，提高活动管理的质量和水平。对于读者各种意见或建议的反馈进行有意识的收集、整理、分析、保存，使图书馆能够知晓读者的评价和喜好，这是衡量阅读推广活动绩效的一个重要方面，也是提升阅读推广活动质量与水平最直接的手段。上述所有内容的保存也是真实记录图书馆阅读推广活动发展历程的史料，能够为后人了解研究图书馆阅读推广活动历史提供资料。但活动内容保存与再利用是图书馆人容易忽视的问题，加上图书馆缺乏活动内容保存与再利用技术、设备、人力，没有相应的制度和配套人财物支持，容易陷入活动与图书馆馆藏、服务相互分离的"两张皮"现象，在活动发展过程中容易短视，出现为活动而做活动等问题，无法做到保存优质的活动内容并通过系统加工等方式再利用。

国内公共图书馆有一些可以借鉴的活动内容的保存与再利用制度规定。如

---

① 程焕文,赵冬梅.资源为王服务为本技术为用——程焕文谈高校图书馆管理的理念[J].晋图学刊,2020(1):4.

陕西省图书馆《"学在陕图"公益课堂活动规定》：

（七）一系列课程活动或一讲课程完成后，工作人员进行工作总结，撰写活动报告并提交部门负责人。

（八）课程活动如有摄像或录音记录，在一周内电子化并刻盘或放入存储空间保存（上传部门百度云盘）。选择优质课程进行视频加工制作，上传至线上平台。

（九）认真收集整理活动资料和参与人的意见，积累经验，使活动更加受读者欢迎。

该规定明确了活动过程中产生的各类资源的界定和保存方法，还通过《授权书》的方式，与活动嘉宾就这些资源的再利用进行规定：

授权作品可以在文化部直属单位、全国文化信息资源共享工程及其各级分中心和基层服务点，通过有线或者无线方式向公众提供作品，使公众可以在其个人选定的时间和地点获得作品；可以通过镜像方式将作品全部或部分存放在当地的计算机中；可以通过放映机、幻灯机、移动存信播放器等设备以投影方式放映，公开再现作品；可以通过租用公众通信卫星系统传播视频作品；文化共享工程陕西省分中心可以按照节目类别进行编排分类、翻译，对提供作品的录像带／光盘进行数字化加工与汇编。

佛山市图书馆对活动过程中产生的资料也设置了专门的规定，涉及对活动资料的整理："各项目组、部门须做好活动的归纳、提升与宣传工作。阅读推广阵地所辖部门、各品牌项目组应有效整合我馆阅读推广活动相关情况，形成规范化、标准化且具有传播价值的活动案例，进一步扩大我馆阅读推广活动的社会影响力。"这些规定可以扩大活动的影响，帮助提升活动的管理水平。

3.2 阅读推广活动内容制度建设策略

阅读推广活动内容的政策、规章等制度建设就是要针对问题，提炼出阅读推广活动内容的核心要素，并予以规范。图书馆阅读推广活动内容制度建设可以概括为以下几个方面：活动内容发现与获取、活动内容评估与选择、活动内容整合与协同、活动内容审核与监督、活动内容保存与再利用。

3.2.1 需求调查研究

活动内容发现与获取制度主要指帮助图书馆了解和把握社会需求的有关指引与规定，主要包括：活动内容发现与获取需要反映服务社区人群的需求和特点，从个体、社区和政府三个层面把握图书馆所在地区的需求和特点；配套制定对需求进行科学调研的方法及程序，除了要有宏观层面的整体调研，更需要针对不同群体的微观层面的具体调研，具体包括社区目标人群、需求区域、合作组织及联络等方面，还需要建立长效机制，持续收集读者活动意见和建议。

参考案例

美国图书馆协会青少年活动指南（节选）

1.0　开发能反映社区所有青少年需求和特征的活动。

为确保图书馆活动满足社区所有人群的需求，而不是复制其他机构已提供的服务，图书馆员需要对服务社区有全面的了解，持续开展研究，及时掌握最新社区青少年的具体情况。他们还必须与那些已为这些青少年提供服务的社区组织建立联系，图书馆员在连接为青少年提供最好服务的社区组织和个人之间发挥关键作用。

1.1　找出馆员已收集到的所有人口信息。

1.2　定期从统计局、公共学校数据中心、社区等机构收集能够获取的人口信息。

1.3 持续查找图书馆活动覆盖不足的部分社区。

1.4 持续查找正在为青少年及其家庭提供服务的其他组织机构。

1.5 确定青少年的哪些需求已经通过其他组织提供的活动和服务得到满足。

1.6 与这些组织的社区领导建立密切关系，并把合适的活动和服务推荐给青少年。

1.7 在馆内进行宣传推广，确保馆内经费充分、平等地支持青少年活动项目。

1.8 合理分配图书馆有限资源，提供青少年需要的活动，这些活动需与当地青少年密切相关，能够反映他们的兴趣和特点，且是其他机构未提供的。

1.9 与国内青少年团体和其他图书馆建立联系，相互联合并扩大影响。[①]

3.2.2 图书馆功能定位

活动内容评估与选择制度是图书馆根据自身功能和使命制定的政策与规定，包括活动内容涉及的功能和定位，需要在国家、行业相关法律、法规、指南、标准指导下，根据图书馆所在城市实际来制定普遍性与特色兼具的活动目标和定位，特别注意把握好延伸功能（如休息娱乐、公共交流平台）的"度"。在活动目标和定位规定的基础上，还需对活动内容涉及的主题和领域进行进一步的明确和细化，确定重点领域及优先级关系，以便面对不同活动内容进行评估和选择时，有一个相对明确的评判标准。此外，对活动内容禁止的主题和领域需要进行明确，以便从制度设计上排除活动内容可能存在的潜在风险。

---

① 译自：美国图书馆相关青少年活动指南［EB/OL］.［2019-11-22］.http://www.ala.org/yalsa/sites/ala.org.yalsa/files/content/TeenProgramingGuidelines_2015_FINAL.pdf.

参考案例

悉尼市公共图书馆活动政策（节选）

主题	讲故事：庆祝和创造城市、社区和个体的故事。	动手学习：鼓励通过手工、艺术、数字创造和科学学会创建、制造和维修的知识和技能。	提供机会：为读者就未知主题传递知识，激发兴趣，构建能力。

《深圳图书馆阅读推广活动管理办法》（节选）

第一章　总则

【第二条】阅读推广活动以公益性质为前提，以提升市民文化素养，促进全民阅读为目的，包括讲座、展览、培训、竞赛、沙龙、演出等形式。

【第三条】阅读推广活动按年度计划开展，以宣传图书馆、推介图书馆的资源与服务为核心，配合全市年度重点活动，完成上级下达工作任务。

3.2.3　内外协同合作

活动内容整合与协同制度是有关统筹与协调的政策与机制等规定，需要包括：建立活动主题内容整合协同发展的规定，建立统筹协调机制，明确分工实施办法；对活动内容主题进行有机整合规定，建立同主题不同形式内容的整合办法；明确活动内容与文献资源结合等操作细则；将活动内容与上级部门、社区和图书馆活动关联，扩大活动影响力，宣传图书馆，带动图书馆资源和服务使用。

参考案例

辛辛那提公共图书馆活动政策（节选）

活动与展览办公室利用图书馆员专业知识、图书馆馆藏、服务和设施策划开展活动。馆员通过以下标准对活动主题、嘉宾和相应资源进行决策：

（1）社区需求和兴趣；

（2）与社区兴趣和主题的相关度；

（3）与其他社区活动、展览或事件的关系；

（4）与图书馆馆藏、资源、展览和活动的关联。[①]

金陵图书馆读者活动综合纲要（节选）

一、活动策划

4. 倡导市区联动，鼓励区馆品牌活动（项目）与市馆等对接，逐步形成协调发展、共建共享的全民阅读氛围。

5. 金陵图书馆读者活动扎口汇总部门为文创发展部。文创发展部根据年度相关时间节点，发布《年度金陵图书馆"阅美四季"系列读者阅读推广活动策划总图表（范式版）》。

3.2.4　内容审核监督

图书馆阅读推广活动内容涉及馆内外资源，形式上包括纸质、多媒体、数字等实体与虚拟资源，既有馆员自行开发的部分，又有志愿者、嘉宾、合作方等提供的内容。为了保证阅读推广活动内容既符合国家相关法律法规、政策文件的规定，又具有较高质量、专业性和适用性，活动内容审核与监督制度应包括：明确活动内容适用性，根据意向群体建立相应的专业审核机制，并配备相应人员和培训支持；对于阅读与非阅读类活动分别建立相应的专业评审制度，

---

① 译自：Policies—Library Programs［EB/OL］.［2019-11-22］.https://www.cincinnatilibrary.org/policies/programs.html.

保证活动内容专业水平；明确活动内容的审批程序和层级，从流程上保证活动内容的质量与专业。

参考案例

辛辛那提公共图书馆活动政策（节选）

活动与展览办公室利用图书馆员专业知识、图书馆馆藏、服务和设施策划开展活动。馆员通过以下标准对活动主题、嘉宾和相应资源进行决策：

1. 活动内容呈现方式；

2. 活动内容质量；

3. 嘉宾在活动内容领域的背景和资质。[①]

"学在陕图"公益课堂活动规定（节选）

三、公益课堂主讲人审核程序

（一）主讲人应出于公益意愿参与活动，并提供工作履历、宣讲经历（应反映受众人群及数量、社会影响力等）、相关资质证明等。课程负责人在核实资料真实性后方可发布。

（二）授课能力审核：

1. 主讲人提供视频或音频资料，由课程负责人组织相关专业人员试听审核。

2. 主讲人现场试讲或馆外试讲，由课程负责人组织相关专业人员试听审核。

四、公益课堂的课程管理

（六）工作人员有监督主讲人授课内容的义务，如违反我馆相关规定，需给予警告或叫停课程。

---

① 译自：Policies—Library Programs［EB/OL］.［2019-11-22］.https://www.cincinnatilibrary.org/policies/programs.html.

3.2.5 资源保存再利用

公共图书馆活动内容保存和再利用制度的内容应包括：界定活动内容的不同级别，对重点、优质活动内容，明确对其进行保存和再利用的方法、措施及相应人财物的投入和保障；对于外部活动内容资源，与活动嘉宾、合作方等签署相关授权管理合约，保证活动内容的再利用合法合规；对于全部活动内容资料做好归档管理，活动负责人、活动负责部门需对活动的相关信息进行归档处理，包括日志管理、活动方案、活动总结、宣传通稿、照片等档案，按时按规提交保存。

参考案例

"学在陕图"公益课堂活动规定（节选）

四、公益课堂的课程管理

（七）一系列课程活动或一讲课程完成后，工作人员进行工作总结，撰写活动报告并提交部门负责人。

（八）课程活动如有摄像或录音记录，在一周内电子化并刻盘或放入存储空间保存（上传部门百度云盘）。选择优质课程进行视频加工制作，上传至线上平台。

（九）认真收集整理活动资料和参与人的意见，积累经验，使活动更加受读者欢迎。

附件：1.《授权书》

授权作品可以在文化部直属单位、全国文化信息资源共享工程及其各级分中心和基层服务点，通过有线或者无线方式向公众提供作品，使公众可以在其个人选定的时间和地点获得作品；可以通过镜像方式将作品全部或部分存放在当地的计算机中；可以通过放映机、幻灯机、移动存储播放器等设备以投影方式放映，公开再现作品；可以通过租用公众通信卫星系统传播视频作品；文化共享工程陕西省分中心可以按照节目类别进行编排分类、翻译，对提供作品的录像带 / 光盘进行数字化加工与汇编。

佛山市图书馆关于做好我馆阅读推广活动工作的相关要求（节选）

四是活动资料的整理。各项目组、部门须做好活动的归纳、提升与宣传工作。阅读推广阵地所辖部门、各品牌项目组应有效整合我馆阅读推广活动相关情况，形成规范化、标准化且具有传播价值的活动案例，进一步扩大我馆阅读推广活动的社会影响力。

4 专业成长：公共图书馆阅读推广馆员制度

自 2014 年以来，"全民阅读"已连续 10 年被写入《政府工作报告》。《全民阅读促进条例（征求意见稿）》第二章第十六条提出，各级人民政府应当建立阅读推广人队伍[①]。浙江省绍兴市《公共图书馆阅读推广工作指南》在"服务管理"的相关条款中提到"完善阅读推广保障机制，建立健全推广管理制度和长效机制，引导与激励专业人员和志愿者投身阅读推广……充分发挥其社会作用"[②]。公共图书馆凭借其独特的资源优势，成为全社会开展、推动全民阅读推广活动的主要阵地。而当前活跃在图书馆的阅读推广人既包含参与阅读推广服务工作的馆员，也有来自政府部门、出版社、学校、公益基金会或是在其他行业的社会阅读推广人。对于公共图书馆而言，馆员在阅读推广工作中起关键作用。构建阅读推广馆员制度，对于规范公共图书馆阅读推广工作，促进阅读推广服务专业化发展，具有至关重要的作用。

4.1 阅读推广馆员制度内涵

自全民阅读上升为国家战略，各级政府陆续出台了系列相关立法、政策或文件等对其加以保障实施，全社会对阅读推广的认知和需求逐年提升，公共文化服务体系倡导与鼓励公众阅读的力度不断加大，公共图书馆专业人才队伍建设已经成为推进阅读推广发展的关键动力，专门构建结构式的规范作为馆员恪守的行为准则，这些是激发馆员阅读推广服务创新活力，进一步实现阅读推广

---

① 全民阅读促进条例（征求意见稿）[EB/OL].[2021-01-10].https://www.chinaxwcb.com/2021/09/05/99414207.html.

② 公共图书馆阅读推广工作指南[EB/OL].[2024-10-10].https://zjjcmspublic.oss-cn-hangzhou-zwynet-d01-a.internet.cloud.zj.gov.cn/jcms_files/jcms1/web2977/site/attach/0/f921a99831e54845a8f02a11c4692abe.pdf.

服务的专业性的重要基础。

4.1.1　阅读推广馆员制度

公共图书馆作为全民阅读的主要阵地，向公众推广阅读、培育公众良好阅读习惯是其义不容辞的服务责任。毫无疑问，图书馆员，特别是直接参与阅读推广工作的馆员，是阅读推广人队伍的主要力量。公共图书馆阅读推广服务，即馆员基于一定的阅读推广目的，面向一定的阅读推广对象，选择一定的阅读推广内容，开展一定的阅读推广活动，达到一定的阅读推广效果[①]。馆员参与阅读推广服务有异于图书馆一般服务，制定专门的制度对阅读推广馆员的行为和知识技能进行规范与要求，对于公共图书馆推动阅读推广服务的专业化发展具有重要意义。

参考案例

国际图联0—18岁儿童图书馆服务指南（节选）
（2018年8月发布）

具备理解儿童心理发展的能力，包括沟通、语言和读写能力；

使用现有技术发现当地社群中所有儿童及其家人的需求；

设计、有效提供和评估各类有趣和有吸引力的项目和活动，以满足当地社群中所有儿童的需求；

紧跟前沿的新兴技术、数字资源和社交媒体，以及上述对于儿童图书馆服务的影响；

为儿童及其家人营造一个舒适的环境，确保他们能够轻松地获取图书馆资源和参与图书馆项目及活动；

与社群内其他为儿童及其家人服务的组织进行交流与合作，以实现共同的目标；

与儿童及其家人有效沟通；

---

① 张怀涛.阅读推广的要素分析［J］.晋图学刊,2015（4）:1-7.

为儿童图书馆服务设定目标、制定规划和确定优先事项；

与同事一起创造性地和高效率地开展工作，以实现儿童图书馆的上述目标和优先事项；

对儿童图书馆可获得的预算经费进行规划、管理、控制和评估，以促成服务目的的实现；

进行自我评估，在不断变化的基础上，保持适应性，并抓住继续教育的发展机会。[①]

参考案例

图书馆公共活动评估的国家影响力评估报告（节选）
（2019年6月发布）

公共图书馆的角色转换推动了对图书馆阅读推广馆员能力要求的发展，在阅读推广工作中，合作和人际交往等能力显得越来越重要，另一方面，在阅读推广活动中需具备活动策划能力和服务评估的能力。作为国家影响力评估研究的结果，本报告确定了涉及图书馆阅读推广活动设计的9个方面，与这些领域相结合的，是图书馆阅读推广馆员所需要掌握的能力。

组织能力：高效地管理阅读推广项目，协调活动中个人与组织、图书馆与社会机构的合作关系；

活动策划能力：计划、管理和实施具体阅读推广活动项目，并促进其发展以契合服务对象的需求；

宣传与营销能力：以适合公众所需的方式，宣传阅读推广活动信息；

社区协调能力：制定社区活动计划，充分考虑社区居民的特殊需求和兴趣；与社区成员和组织建立尊重、互惠的关系；确保所有社区成员都能享受阅读推广服务，特别是经济和文化得不到保障的人；

---

① 译自：Guidelines for Library Services to Children Aged 0-18［EB/OL］.［2023-07-02］. https://repository.ifla.org/handle/123456789/171.

创新能力：以创新、灵活性和创造力应对挑战和解决问题；

财务管理能力：在与社会机构合作的过程中，合理规划经费预算，并寻求经费支持和做好资金管理；

人际交往技巧：努力与所有合作对象和活动受众进行有效和适当的沟通，在阅读推广活动期间及与计划相关的其他情况下提供咨询、指导，帮忙协调；

知识服务能力：充分了解阅读推广活动内容，以呈现、管理或评估活动；

评价能力：努力使用统计和定性工具来衡量计划的有效性和对所有社区受众的影响，包括历来没有得到充分服务的人群，并使用此信息迭代地改善活动的开发和提供。[①]

4.1.2 阅读推广馆员制度的特征

设立制度对阅读推广馆员的"专业"属性进行结构式的规范，对促进阅读推广的专业化建设和持续性发展具有关键的保障作用。阅读推广馆员在阅读推广工作中充当发起者、策划者、组织者、实施者等不同职责，他们在阅读推广相关知识结构、业务技能和服务内容等方面存在提升与发展的需求，这促使阅读推广人制度内涵向更完整、更体系的方向发展。

（1）分众性和层次性

与最初仅为儿童"讲故事"的社会人士不同，随着阅读推广服务内容的不断丰富与拓宽，在服务对象上，随着全民阅读推广对象发展的不断深入，涉及不同年龄、不同背景、不同需求的人们的分众阅读模式已趋形成[②]，如亲子阅读推广、中小学生阅读推广、特殊人群阅读推广、老年人阅读推广等服务的社会需求，对公共图书馆提出了新的发展需求。在制度上应根据实际情况，围绕面向不同服务对象提供服务的阅读推广馆员应具备的职业素养和知识技能、考核评价等进行制度构建。在阅读推广馆员培养方式上，目前由政府牵头或各级

---

① 译自：National Impact of Library Public Programs Assessment［EB/OL］.［2023-07-02］. https://nilppa.org/wp-content/uploads/2019/06/NILPPA_Phase-1-white-paper.pdf.

② 秦殿启.论泛在信息社会阅读推广人的培育［J］.图书馆,2016（12）:98-102.

行业组织发起的阅读推广人培训，在壮大阅读推广人基本队伍上成效显著，但应在此基础上建立起多层次的、进阶式阅读推广人培养模式[①]，这在很大程度上决定了阅读推广工作的总体质量，与公共图书馆高水准、高素质阅读推广专业人才的输出需求密切相关。

（2）针对性和适用性

阅读推广馆员作为公共图书馆阅读推广工作的统筹者、组织者、管理者、实施者甚至研究者，需要对阅读推广项目展开更加体系化的管理，如策划、宣传、组织实施、总结评估、研究发展等不同环节。在对阅读推广馆员的专业要求上，需要善于讲故事的，需要善于策划和组织的，也需要善于项目管理和研究的。制度内容应针对专门从事不同阅读推广工作的馆员而有所差别。2018年实施的《中华人民共和国公共图书馆法》[②]规定了"配备相应的专业人员""开展阅读指导"等法定要求，阅读推广馆员队伍建设成为图书馆服务的责任和践行方向。与阅读推广人最初的"社会人士"的提法相比，馆员除了介入读者阅读，还要关注服务活动化给图书馆管理带来的新问题，如活动项目的顶层设计、活动项目研究、活动与文献资源使用率的关联性等各环节的问题[③]。适用性是指阅读推广制度要适用于阅读推广这一专项服务本身，以及单体图书馆或服务体系的内部体制机制变动，并与外界环境变化保持一致[④]。如阅读推广面向服务体系发展时对馆员的专业性要求，与其在单体馆发展时对馆员的专业要求肯定有所差别，这种差别应充分体现在制度内容上。针对性和适用性是制度活力的体现，这种专业属性能够为阅读推广活动人员行为规范和资质要求提供切实有效的指导。

（3）指导性和约束性

在制度的指导性方面，首先是为阅读推广人提供专业化、规范化的指引。全国第一个专门针对阅读推广人的管理办法是深圳市文化广电旅游体育局制定

---

① 曹娟.从阅读推广人到阅读推广人才——论图书馆界主导阅读推广专业教育[J].图书馆论坛,2018（1）:78-85.

② 中华人民共和国公共图书馆法[EB/OL].[2023-05-20].http://www.gov.cn/xinwen/2017-11/05/content_5237326.htm.

③ 范并思.服务活动化:图书馆服务新趋势[J].图书馆学刊,2017（12）:1-4.

④ 肖红凌.我国公共图书馆阅读推广制度研究[J].图书馆建设,2020（5）:53-63.

的《深圳市阅读推广人管理办法》，对阅读推广人的宗旨、业务范围、业务标准、资助扶持办法等内容进行了明确规定[①]，保障并指导了全民阅读推广工作的整体发展。对于公共图书馆阅读推广馆员，相应制度应对阅读推广馆员提出道德伦理、专业知识、专业能力等的规范要求，为活动开展提供智力与技术支持，促进其工作并有效推进人员的专业成长。通过制度将资质要求、培训教育和科学考评落到实处，避免阅读推广馆员不会因为职业经验及学科背景的影响，存在思维定式、活动创意不足的局限[②]，为阅读推广活动质量和可持续发展提供保障。在约束性方面，如在法律层面的《中华人民共和国公共文化服务保障法》《中华人民共和国公共图书馆法》、地方条例层面的《广州市公共图书馆服务规范》《佛山市公共图书馆管理办法》，以及行业协会职业道德规范等文件中，均有对于馆员提出约束性的规范要求。聚焦到阅读推广馆员制度上，制度的内涵与规范对象人员的契合度越高，制度的管理理念被公众接受的程度越高，制度的作用就越大，越能激励相关人员遵守规定、按章办事[③]。

4.2　阅读推广馆员制度现状和问题

我国公共图书馆对从事阅读推广工作的馆员暂时还没有明确的考核指标，在制度层面上缺乏制度设计、制度安排与制度规定[④]。1949年联合国教科文组织《公共图书馆宣言》问世，作为一份指导图书馆工作的重要文件，历经数次修订均提到了对阅读推广工作的专业要求。公共图书馆服务的专业性发展必然会带动对馆员的职业能力要求。在图书馆阅读推广工作中，馆员承担着推动馆藏资源利用、指导读者选择合适的读物、策划组织阅读推广活动、帮助读者培养良好的阅读兴趣等职责，历版《公共图书馆宣言》文本中，几乎都能发

---

① 谯进华.深圳阅读推广人的实践及发展[J].特区实践及理论,2013(2):64-66.
② 李景成.多元视角下高校阅读推广人队伍建设研究[J].图书馆工作与研究,2019(9):101-105.
③ 肖红凌.我国公共图书馆阅读推广制度研究[J].图书馆建设,2020(5):53-63.
④ 王梅,惠涓澈,陈洪滨.图书馆员自发开展阅读推广工作的价值探究[J].图书馆建设,2016(9):74-78.

现"训练有素、知识丰富、洞悉馆藏等"①，"通过各种阅读推广活动回应儿童、老年人、残障读者等重点人群的阅读需求"②，"专业培训和继续教育对于确保服务质量都是必不可少的"③等内容，以及各种对馆员应具备推广阅读能力要求的表述。国际图联和美国图书馆协会通过向不同工作领域馆员颁布职业能力的"标准"或"指南"，致力于图书馆员制度建设，如国际图联发布的《国际图联图书馆员及其他信息工作者的伦理准则》④《国际图联公共图书馆服务指南》⑤，美国图书馆协会发布的《图书馆工作核心竞争力》⑥《公共图书馆儿童馆员服务能力》⑦《图书馆员青少年服务能力》⑧。中、美、英、德等多国行业协会制定的馆员职业道德准则，明确馆员所应履行的职业行为规范⑨。但对于专门从事阅读推广工作的馆员而言，其针对性显然不够。图书馆员参与阅读推广工作有异于图书馆基础服务，应有专门的制度设计，而原有的馆员制度并不完全适用于阅读推广。国际图联发布的《在图书馆中用研究来促进识字与阅读：

① The Public Library：A Living Force for Popular Education［EB/OL］.［2022-09-06］. https://www.ifla.org/wp-content/uploads/2019/05/assets/public-libraries/documents/unesco-public-library-manifesto-1949.pdf.

② UNESCO Public Library Manifesto 1972［EB/OL］.［2022-10-12］.https://www.ifla.org/wp-content/uploads/2019/05/assets/public-libraries/documents/unesco-public-library-manifesto-1972.pdf.

③ IFLA-UNESCO Public Library Manifesto 2022［EB/OL］.［2022-08-04］.https://repository.ifla.org/bitstream/123456789/2006/1/IFLA-UNESCO%20Public%20Library%20Manifesto%202022.pdf.

④ Code of Ethics for Librarians and Other Information Workers［EB/OL］.［2021-01-10］.https://www.ifla.org/publications/node/11092.

⑤ Public Library Service Guidelines［EB/OL］.［2021-01-10］.https://www.degruyter.com/view/books/9783110232271/9783110232271.83/9783110232271.83.xml.

⑥ Core Competences of Librarianship［EB/OL］.［2021-01-10］.http://www.ala.org/educationcareers/sites/ala.org.educationcareers/files/content/careers/corecomp/corecompetences/finalcorecompstat09.pdf.

⑦ Competencies for Librarians Serving Children in Public Libraries［EB/OL］.［2021-01-10］.http://www.ala.org/alsc/edcareeers/alsccorecomps.

⑧ Teen Services Competencies for Library Staff［EB/OL］.［2021-01-10］.http://www.ala.org/yalsa/guidelines/yacompetencies.

⑨ 陈静超.若干国家的图书馆员职业道德规范比较分析［D］.哈尔滨：黑龙江大学,2016.

图书馆员指南》[①] 提到的多个基于研究促进工作的实例都与阅读推广活动有关，这印证了研究能力是图书馆阅读推广馆员的必备能力；《国际图联 0—18 岁儿童图书馆服务指南》[②] 从馆内活动、社群延伸活动和营销推广几方面，讨论了儿童馆员在阅读推广中需要具备的一系列技能和素质；2019 年美国图书馆协会、博物馆和图书馆服务研究所编制的《图书馆公共活动的国家影响力评估报告》规定了公共图书馆阅读推广馆员应具备 9 种专业能力：组织能力、活动策划能力、宣传与营销能力、社区协调能力、创新能力、财务管理能力、人际交往技巧、知识服务能力、评价能力[③]。

近年来，随着我国对于推进国家治理体系现代化的重视程度日益提高，我国公共图书馆事业也进入了法治阶段，我国不同层面的相关立法、政策或文件等陆续出台，其中也有部分内容涉及公共图书馆从业者。如《中华人民共和国公共图书馆法》[④] 把馆长要具备"专业知识"、馆员要具备"专业知识与技能"、少年儿童配备"专业人员"和开展阅读指导等要求写入了条文，《广州市公共图书馆条例》[⑤]《广州市公共图书馆服务规范》[⑥] 相继针对馆员培训和规范制定了条款，馆员职业建设对公共图书馆创新服务的重要性不言而喻。《公共图书馆服务规范》《公共图书馆少年儿童服务规范》对馆员的职业道德、相关专业知识、导读能力和活动组织能力等方面加以规范[⑦]，但遗憾的是，几乎没有专门针对公共图书馆阅读推广馆员的阅读推广制度。而现有的涉及阅读推广馆员的制度条文存在的主要问题亟待在制度建设发展中得以完善。

---

① Using Research to Promote Literacy and Reading in Libraries：Guidelines for Librarians［EB/OL］.［2022-03-07.https://www.ifla.org/publications/ifla-professional-reports-125?og=8708.

② Guidelines for Library Services to Children Aged 0-18［EB/OL］.［2023-05-23］. https://repository.ifla.org/handle/123456789/171.

③ 冯莉.阅读推广视角下的馆员制度构建［J］.图书馆建设,2020(5):93-99.

④ 中华人民共和国公共图书馆法［EB/OL］.［2023-05-20］. http://www.gov.cn/xinwen/2017-11/05/content_5237326.htm.

⑤ 广州市公共图书馆条例［EB/OL］.［2023-05-20］. http://www.gd.gov.cn/zwgk/wjk/zcfgk/content/post_2531782.html.

⑥ 广州市公共图书馆服务规范［EB/OL］.［2023-05-20］. http://www.gzlib.org.cn/policiesRegulations/146589.jhtml.

⑦ 杨柳. GB/T 36720-2018《公共图书馆少年儿童服务规范》［J］.标准生活,2019(3):42-45.

4.2.1 核心能力尚待明确

对于阅读推广馆员而言，核心能力指内化和外化职业素养两方面，主要表现为职业精神、专业知识与技能等方面[①]。而馆员在阅读推广工作中所承担职责是多层次的，既有实践探索，又有理论研究[②]。但现有的相关管理办法对核心能力的描述基本停留在"具体推广什么""怎样进行阅读推广工作"之类相对笼统的表述上，完全针对阅读推广馆员核心能力的内容却是极少的，即使有，也只是在一些服务指南中被零星提及，如国际图联《在图书馆中用研究来促进识字与阅读：图书馆员指南》指出图书馆员应具备研究创新能力；美国图书馆协会的《图书馆工作核心竞争力》提出了专业基础知识、信息资源管理能力、知识和信息的组织能力、技术知识能力、参考和用户服务能力、研究能力、继续教育与终身学习能力、行政管理等8大图书馆工作竞争能力；《国际图联0—18岁儿童图书馆服务指南》指出了儿童图书馆员应理解儿童发展和心理，具备沟通、语言和读写能力，设计、提供和评估各类有趣和有吸引力的项目和活动，以满足当地社群中所有儿童的需求；美国图书馆协会《公共图书馆儿童馆员服务能力》指出儿童馆员应具备阅读发展和推广的理论知识、艺术和文化敏感性以及对儿童图书和相关媒体的知识。

正如李武等所指，直接聚焦阅读推广人角色议题的研究文献也是凤毛麟角的[③]。在实践发展的现阶段，几乎没有专门针对公共图书馆阅读推广馆员的阅读推广制度。构建专门的阅读推广馆员制度，将从事阅读推广工作人员的职业素养和核心能力制度化，可以更好地推动阅读推广专业化的发展。

4.2.2 培育机制亟待完善

随着全社会对全民阅读的关注，政府管理部门和阅读服务行业组织着手推动阅读推广人队伍建设，将专家授课与实践教学紧密结合，旨在搭建科学培育

---

① 王彦萍,范敏.图书馆员职业素养：职业精神与专业能力的结合[J].四川图书馆学报,2011（1）：31-33.

② 郑勇,胡冰倩,惠涓澈.图书馆阅读推广人的基本要求及培养方式[J].图书馆论坛,2019（1）：138-144.

③ 李武,杨飞,毛远逸,等.图书馆阅读推广人角色研究：类型构成、前置因素和后续影响[J].中国图书馆学报,2020（5）：73-87.

体系，促进我国图书馆及相关业界更加规范有效地开展阅读推广人培育，进而推动我国全民阅读事业持续快速发展。

培育阅读推广人，制度建设是关键[①]。目前阅读推广人培育机制主要有三种类型[②]，一是由政府牵头的，如深圳发布《深圳市阅读推广人管理办法》《深圳经济特区全民阅读促进条例》等文件，并于2012年启用阅读推广人培训机制：集中授课、交流、实践[③]。2012年，张家港市施行《张家港市阅读推广人管理暂行办法》，2013年推出《张家港市阅读推广人资格认证管理制度（试行）》，在网格化公共文化服务模式下，将阅读推广人培训与网格文化员培训相结合，并推出阅读推广人资格认证[④]。二是由行业协会牵头的，中国图书馆学会2014年开始"阅读推广人"培育行动，拟定了《培育阅读推广人行动计划（草案）》，用于指导阅读推广人培育[⑤]，并邀请图书馆界、出版界、教育界专家学者成立专家委员会，以专家授课、实践教学相结合的方式，引导阅读推广馆员更好地推动全民阅读，并于2015年出版了配套教材促进教学[⑥]；三是民间阅读机构开展的，与前类相比，更显自发性和随机性。现行社会阅读推广人的培训在数量上不断增多，但存在管理制度、课程体系、师资队伍、培训时间、资格认证等多方面的不足[⑦]。一套完整的阅读推广馆员培育制度应包括培训主体、对象、方式、内容、目标和效果评价，并建立逐级进阶培养模式，从顶层设计和整体规范上为阅读推广培育提供保障。

4.2.3　考核机制有待健全

建立有效的考核机制，可以激励阅读推广人更好地开展工作，使他们在阅读推广工作中获得成就感，从而不断提升阅读推广服务质量。有效的考核机制

①⑦　苟廷颐，王舒.用制度作保障，以活动为平台推进阅读推广人培育[J].遵义师范学院学报，2020（4）：170-172.

②　曹娟.从阅读推广人到阅读推广人才——论图书馆界主导阅读推广专业教育[J].图书馆论坛，2018（1）：78-85.

③　杨晓菲.全民阅读背景下图书馆阅读推广人的培育方式及策略[J].图书馆学刊，2017（2）：27-30.

④⑥　张章.阅读推广人培训的现状与展望——以中国图书馆学会阅读推广人培育行动为例[J].图书馆杂志，2016（8）：36-41.

⑤　王余光.书外赘语：《阅读推广人系列教材》的编纂[J].图书馆杂志，2016（4）：11-12.

既要从多维度对阅读推广馆员进行综合考评，也需要把考核结果落到实处[①]。现有阅读推广馆员考核机制，存在亟待完善之处。一是考核指标单一。主要通过对馆员组织开展活动场次、参与人数、满意度百分比等描述性定量指标考核阅读推广馆员的工作情况，事实上，阅读推广工作有着不同的层级内容，如规划制定、组织管理、统筹协调和执行落实等，制度应根据实际的工作层级，制定不同层级的考核指标。二是考核主体单一，忽略自主、受众考核。主要集中在以第三方、专家评委角度对馆员进行考评，较少从馆员自身或服务受众的角度进行评估，如馆员在实际阅读推广工作中的成长和收获、读者在参加阅读活动后对馆员的评价等。三是考核内容不够全面。现时大部分的阅读推广人考核内容还是相对局限，主要集中在理论学习总结、阅读推广实践报告和现场实操3方面，理论学习总结、阅读推广实践报告基本上以书面形式提交，仅以10余分钟的现场实操体现参试者的实操能力，事实上，阅读推广馆员的职业素养、知识结构、专业技能、理论水平和学习能力等方面都需要得到全面的考核，以适应全民阅读发展背景对公共图书馆阅读推广工作的新需求。

4.3 阅读推广馆员制度内容

范并思教授认为，时至今日，公共图书馆事业除了经历信息技术带来变化以外，最大的变化莫过于阅读推广从图书馆创新服务成为主流服务[②]，王世伟教授提出"图书馆员第一"的论点[③]，公共图书馆在全民阅读工作发挥着主体作用，而在公共图书馆阅读推广服务中发挥最大主观能动性的是馆员，由此可见，馆员是公共图书馆阅读推广人的重要构成。以深圳市2012年阅读推广人培训班学员为例，民间阅读组织者占比最大（占38%），其次就是图书馆员（19.8%）[④]，到2022年，据不完全统计，参训人员中的图书馆员占比超过3成。

① 李景成.多元视角下高校阅读推广人队伍建设研究［J］.图书馆工作与研究,2019（9）:101-105.

② 范并思.阅读推广与图书馆学:基础理论问题分析［J］.中国图书馆学报,2014（5）:4-13.

③ 刘贵勤.谈图书馆员的绩效评估［J］.大学图书情报学刊,2009（1）:34-38.

④ 《图书馆情报工作》杂志社.阅读推广的进展与创新［M］.北京:海洋出版社,2018:266.

我国公共图书馆已有相当良好的制度基础，根据阅读推广的具体实践服务
要求，结合我国公共图书馆立法、地方性条例和各级全民阅读促进条例中的相
关内容，结合国际图联等发布的国际性指南内容，阅读推广工作中馆员制度的
构建大致应分为以下三部分：

4.3.1　职业精神与素养

阅读推广馆员的职业精神与职业素养应包括对阅读推广工作肩负的社会责
任的正确认知以及对图书馆职业精神的坚守。

（1）职业精神

职业精神是馆员这一特定的职业在长期工作实践中所形成的一种比较稳定
的思想行为风尚[①]。认同与回应面向社会的责任是阅读推广馆员职业精神的根
本，国际图联将"面向个人和社会的责任"列入图书馆员职业道德规范[②]。阅
读推广的重要责任是培养社会公众对阅读的热情，以及使用图书馆资源的良好
体验。另一方面，对社会的责任的认同与回应，也体现了阅读推广馆员对多元
文化价值的包容以及对平等服务的意识。美国图书馆协会《公共图书馆儿童馆
员服务能力》[③]也提到，馆员应包容和尊重多样性文化价值，消除因社会经济
状况、文化、语言、性别、能力和其他多样性而造成的获取障碍。《广州图书
馆 2016—2020 年人才队伍建设规划》提到"馆员自觉维护公众自由平等获取
知识信息的权利"。

（2）职业规范

职业素养是人类在社会活动中需要遵守的行为规范，是职业内在的要
求[④]。职业规范是一种行业自律的体现，一般各国图书馆协会都会制定，是用

---

① 林之楠.少儿图书馆员的职业精神[J].中小学图书情报世界,2008（11）:29-30,38.

② Code of Ethics for Librarians and Other Information Workers［EB/OL］.［2020-05-06］.
https://www.ifla.org/publications/node/11092.

③ Competencies for Librarians Serving Children in Public Libraries［EB/OL］.［2020-03-15］.
http://www.ala.org/alsc/edcareeers/alsccorecomps.

④ 王彦萍,范敏.图书馆员职业素养:职业精神与专业能力的结合[J].四川图书馆学报,
2011（1）:31-33.

于加强各系统图书馆行业自律建设的规章制度，引导着馆员职业行为[①]。在图书馆阅读推广工作中，因工作内容、方式与基础服务存在根本不同，因此接触到的信息、与读者交流的深度以及所处的工作状态也会有千差万别，如更容易接触到读者个人信息，特别是未成年人和特殊人群的个人信息。因此，馆员应遵守的职业规范将更为多样化，应作为专门内容写入阅读推广馆员制度，作为馆员从事阅读推广工作的行为准则。

4.3.2 专业知识与技能

阅读推广是一种专业行为，需要由专业化的队伍去组织和实施。馆员在公共图书馆阅读推广服务中发挥不同的专业技能。构建专门的制度，对阅读推广馆员的专业知识与技能进行规范与要求，对推动公共图书馆阅读推广专业化发展具有重要意义。结合国内外公共图书馆的相关政策和行业发展需求，阅读推广馆员应具备以下专业知识与技能：

（1）读者服务能力

读者服务能力是馆员应具备的最基本服务技能。读者是图书馆服务的对象，馆员应能够与读者开展有效沟通，准确解答读者咨询。而在阅读推广服务中，馆员与读者的交流会更长久、更深入，所面临的读者需求也会更复杂。阅读推广馆员应具备基本交流沟通技巧，掌握新媒体、流通系统、检索系统的应用方法等专业服务知识与技能，回应读者需求，规范对读者意见的收集，规范馆员帮助读者解决疑难问题的行为等。

（2）文献信息采选能力

2022年《公共图书馆宣言》明确指出了馆员在用户和馆藏之间要起到"桥梁"作用[②]，美国图书馆协会儿童图书馆服务协会《公共图书馆儿童馆员服

---

① 孙海英.图书馆行业自律摭谈：兼议《中国图书馆员职业道德准则》的特色［J］.图书馆建设,2006（6）:104-106.

② 张树华.对1994年《公共图书馆宣言》的认识和理解［J］.中国图书馆学报,1997（3）:3-6,22.

务能力》①和国际图联《儿童图书馆服务发展指南》②，都对儿童图书馆员提出了具备文献资料、文化艺术和儿童出版物等相关知识的要求。澳大利亚国家图书馆《活动与教育政策》③指出，图书馆开展阅读活动应将促进读者对馆藏的了解作为原则之一。推动文献信息挑选与利用，是阅读推广工作的核心价值之一，阅读推广馆员应熟悉自身所推广文献的情况，具备图书推荐、书评撰写等专业能力。把握文献信息的服务现状和建设发展要求，根据阅读推广服务情况，为图书馆文献信息采选工作提供决策贡献。

（3）多学科知识能力

王彦萍等认为，图书馆员从事图书馆工作，除需具备图书馆学专业知识外，还应具备心理学、语言学、信息学、社会学、管理学等学科知识，更重要的是要具备驾驭和运用这些知识的能力，将其充分运用到工作中去④。《广州图书馆2016—2020年人才队伍建设规划》提出馆员应具备与图书馆资源、服务、活动相关的知识面和多学科专业背景，含社会学、教育学、艺术学、文学、历史学等相关学科专业知识。事实上，阅读推广工作的呈现形式往往是多样的，工作内容也是多维度和多层次的，多学科知识能带动图书馆不同学科文献的阅读与推广，丰富阅读推广活动的形式，提升阅读推广中的知识服务的深度。

（4）对象服务能力

阅读推广是公共图书馆的一种创新服务，而阅读推广自身也在不断创新发展，随着阅读推广内涵的不断丰富，随着全民阅读推广对象发展的不断深入，在阅读推广服务对象上，不同年龄、不同背景的公众有着不同的阅读需求⑤。郑勇等认为，阅读推广要细分主题，为不同类型如儿童阅读推广、大学生阅读推广、绘本阅读推广、经典阅读推广、数字阅读推广、时尚阅读推广等类型，

---

① Competencies for Librarians Serving Children in Public Libraries［EB/OL］.［2023-03-15］. http://www.ala.org/alsc/edcareeers/alsccorecomps.

② Guidelines for Children's Library Service［EB/OL］.［2023-03-21］.http://www.ifla.org/VII/s10/pubs/ChildrensGuidelines.pdf.

③ The National Library of Australia. Events and Education Policy［EB/OL］.［2020-03-07］. https://www.nla.gov.au/policy-and-planning/events-and-education-policy.

④ 王彦萍,范敏.图书馆员职业素养:职业精神与专业能力的结合［J］.四川图书馆学报,2011（1）:31-33.

⑤ 秦殿启.论泛在信息社会阅读推广人的培育［J］.图书馆,2016（12）:98-102.

服务内容应与之相对应[①]。阅读推广馆员应自觉为一般社会公众、未成年人、老年人、残障人士以及外来务工人员等对象，开展符合其阅读需求的阅读推广活动，并通过创新阅读推广服务内容和形式响应其服务需求的变化。

（5）交流组织能力

国际图联和美国图书馆协会发布的多项国际性指南，都对图书馆员提出了具备"社会意识""交往和合作能力"的要求[②]。国际图联《公共图书馆服务指南》指出，馆员应具备"积极与个人和团队建立合作关系"能力[③]。在我国，《中华人民共和国公共图书馆法》《中华人民共和国公共文化服务保障法》等为"社会力量参与建设公共图书馆"提供了法理依据。引入社会资源，有效弥补了公共图书馆自身资源的不足，特别在阅读推广工作中，读者的阅读需求在迅猛发展，拓展阅读推广服务内容与形式，主动吸纳、整合各种社会阅读资源是创新发展的新路径[④]。阅读推广馆员应根据社会需求发展，组织各种资源为社会公众开展阅读推广服务，在公共图书馆和社会资源之间发挥桥梁作用，与社会资源建立持续的交流合作关系，以深化阅读推广的共创格局，实现阅读推广服务绩效目标。

参考案例

国际图联 / 联合国教科文组织公共图书馆宣言 2022（节选）
（2022 年 7 月发布）

建立伙伴关系对于公共图书馆接触更广泛、更多样化的公众至关重要。必须确保与相关合作伙伴——如用户群体、学校、非政府组织、图书

---

① 郑勇,胡冰倩,惠涓澈.图书馆阅读推广人的基本要求及培养方式［J］.图书馆论坛,2019（1）:138-144.

② 李雅.论儿童图书馆员的素养［J］.图书馆,2011（5）:104-106.

③ 国际图联公共图书馆服务指南［EB/OL］.［2023-03-07］.https://www.degruyter.com/view/books/9783110232271/9783110232271.83/9783110232271.83.xml.

④ 广州图书馆,中山大学国家文化遗产与文化发展研究院.公共图书馆服务创新战略研究报告［M］.北京:国家图书馆出版社,2021:138.

馆学协会、企业和其他本地、区域、国家以及国际层面的专业人士——进行合作。①

图书馆服务宣言（节选）
（2023 年 9 月发布）

图书馆与一切关心图书馆事业的组织和个人真诚合作，图书馆欢迎社会各界通过资助、捐赠、媒体宣传、志愿者活动等各种方式，参与图书馆建设。②

广州市公共图书馆与社会力量合建分馆工作指引（节选）
（2019 年 3 月发布）

图书馆以含有社会力量名称的"×× 图书馆 ×× 分馆"形式统一命名，尊重和支持社会力量借助分馆建设提升品牌影响力的合理诉求。③

（6）组织管理能力

阅读推广服务主要以活动的形式呈现，服务质量与活动组织管理能力存在直接关系。美国图书馆协会发布《图书馆公共活动的国家影响力评估报告》④将"组织管理能力"视作阅读推广馆员的首要能力，并定义为"在个人、机构以及外部合作等多个层面高效率地管理时间和项目"。美国儿童图书馆服务协会颁布的《公共图书馆儿童馆员服务能力》⑤提出了多项针对儿童图书馆员素养的要求，其中就有策划统筹组织技能。阅读推广馆员制度内容构建应围绕活

---

① 译自：IFLA-UNESCO Public Library Manifesto 2022［EB/OL］.［2023-07-02］.https://repository.ifla.org/bitstream/123456789/2006/1/IFLA-UNESCO%20Public%20Library%20Manifesto%202022.pdf.

② 图书馆服务宣言［EB/OL］.［2023-07-02］.http://www.bjdclib.com/dclib/dtnews/mmia/200908/t20090803_14703.html.

③ 方家忠.广州市"图书馆之城"建设制度汇编［G］.广州：广州出版社,2021：88-90.

④ National Impact of Library Public Programs Assessment［EB/OL］.［2023-03-07］.https://nilppa.org/wp-content/uploads/2019/06/NILPPA_Phase-1-white-paper.pdf.

⑤ Competencies for Librarians Serving Children in Public Libraries［EB/OL］.［2020-03-15］.http://www.ala.org/alsc/edcareeers/alsccorecomps.

动策划、组织充分展开。组织管理能力应包含以下几点：第一，策划能力。策划是阅读推广活动的顶层设计，包括对活动背景、主题、时间地点、内容和形式、组织架构、人员分工、进度安排、应急预案等活动的"人、财、物、地、时"因素的拟定，是活动的框架和流程。第二，沟通协调能力。在组织阅读推广活动的过程中，阅读推广馆员应与组织架构中的个人、团队建立稳定、有效的沟通关系。《图书馆公共活动的国家影响力评估报告》①也指出阅读推广馆员应与所有利益相关者进行有效和适当的沟通，以在活动全程发挥调解和指导作用。第三，应变能力。组织实施是阅读推广活动内容、形式的呈现环节，此过程中存在着出现不可抗力的可能性。《国际图联公共图书馆服务指南》②指出馆员在面临工作情况变化时应具备组织应变能力，以便为阅读推广活动贡献更大的灵活性。因此可将组织管理能力写入阅读推广馆员制度，以推动阅读推广活动的专业化发展，助力阅读推广工作质量的整体提升。

（7）研究创新能力

《广州图书馆 2016—2020 年人才队伍建设规划》在对人才队伍建设的要求中提到，应结合工作实践开展理论研究工作，把握业界、学界动态和研究热点，掌握科学的研究方法，具备理论结合实际、解决问题的能力，根据服务需求，推动服务创新与深化。阅读推广馆员对阅读推广工作的思考不应停留在先进经验的层面，而应将工作经验提升成理论观点，以更好地完善图书馆服务理论体系，并以此指导实践，提升业务水平。国际图联《在图书馆中用研究来促进识字与阅读：图书馆员指南》③指出，馆员应通过文献回顾、收集数据、分析结果等研究过程去解决实际问题，以提升业务水平、优化业务质量。美国图书馆协会发布的《图书馆工作核心竞争力》指出，馆员应了解所从事工作领域的重要研究观点和文献，以及掌握现实的或潜在的具有新研究价值的方法及原

---

① National Impact of Library Public Programs Assessment［EB/OL］.［2023-03-07］.https://nilppa.org/wp-content/uploads/2019/06/NILPPA_Phase-1-white-paper.pdf.

② Public Library Service Guidelines［EB/OL］.［2023-03-07］.https://www.degruyter.com/view/books/9783110232271/9783110232271.83/9783110232271.83.xml.

③ Using Research to Promote Literacy and Reading in Libraries：Guidelines for Librarians［EB/OL］.［2023-03-07］.https://www.ifla.org/publications/ifla-professional-reports-125?og=8708.

则[1]。关于阅读推广馆员研究创新能力的制度内容具体应规范以下内容。第一，总结工作。与基础文献服务相比较，阅读推广服务更具系统性和发展性，影响因素多变、服务方式多样、具有一定的研究价值。这要求馆员能够全面总结阅读推广项目实践工作，包括项目开展背景、可行性分析、项目实施过程、创新做法、实施难点、成效评价、未来发展等方面。工作总结可以扩展阅读推广工作的视野和深化思考的深度，同时提炼出理论性更强的研究成果。第二，洞悉问题。阅读推广馆员在推进阅读推广实践工作的过程中，应对项目进行持续的监查，不断发现问题，明确研究方向，提升服务水平。如，一个亲子阅读推广项目已持续开展多年，服务内容、方式似乎一成不变，没有萎缩但也没有发展，这显然有悖于阅读推广服务的发展性，馆员应主动发现问题，并采用科学的方法分析问题，找到症结所在，以促进工作的可持续发展。第三，掌握研究方法。馆员在阅读推广工作过程中应探寻、使用合适的研究方法去分析和解决问题，并将自身的知识和技能运用到研究中去，清晰地整理出目的、方法、结果及结论。

参考案例

在图书馆中用研究来促进识字与阅读：图书馆员指南（节选）
（2011 年发布）

为什么图书馆员需要做研究？

作为一种与信息相关的行业，图书馆员经常帮助他们的服务对象开展研究。所以图书馆员通过系统的文献回顾，收集数据，分析研究结果以提高他们的业务水平是非常符合逻辑的。从个人层面来说，研究扩展了他们的工作视野和深度，帮助他们更具有反思能力，还能满足他们本人的好奇心。从组织层面来说，研究能够给他们提供战略计划，提高员

---

[1] Core Competences of Librarianship［EB/OL］.［2021-01-10］.http://www.ala.org/educationcareers/sites/ala.org.educationcareers/files/content/careers/corecomp/corecompetences/finalcorecompstat09.pdf.

工的向心力，展现出团队的影响力，以及增加团队组织的名声。从行业层面来说，研究还能促进有深度的讨论和行动，提高职业能力，并且提升在行业的口碑。

作为最后的分析，研究能够对计划、测评以及改善当前和未来的阅读识字促进项目及服务提供帮助。研究能够：

- 测量当前业务的质量和影响；
- 建立和测量图书馆的任务和计划；
- 测量工作的有效性和效率；
- 测量环境的变化；
- 全面增加图书馆的价值。

在任何个案中，研究都可以被看作是一个基于知识的测量行为。有效的图书馆管理包含着持续的监管，通过细心地发现和解决问题来提高水平。系统地检验每一个问题，参考相关的文献，收集和分析显著的变量，检验和评价结果，这些都可以作为化解危机的办法。通过记录这些过程，图书馆员可以更好地控制他们的业务，并能够更容易地效仿这些成功案例，为决策制定者提供有说服力的依据去解决问题。例如，当一个阅读研讨会因为听众缺少兴趣而取消的话，图书馆员可以试图通过以下方法找到问题的症结：找出导致这次研讨会取消的可能因素，研究其他图书馆员是如何成功解决这一问题的，收集并分析相关数据，最后提出一个如何让未来的讲座可以成功进行的方案。

研究对图书馆服务最直接的影响是关于更好的客服满意度和更高的识字率。我们希望可以和利益相关方共同开展研究，让他们也感觉参与解决问题，对其所在行业产生正面的变化。

关于图书馆员进行在阅读和识字这个问题上自我认定的问题，以及探寻最佳工作方法，以及最适合的行动及其背后的概念和理论时，这些研究过程也是可以作为行业发展培训的一部分来展开的。正如图书馆员在处理新信息以及反思当地的地方需求时，他们会把自己的知识和技能添加进研究中得以迅速有效地应用，这样研究的效能会得到增强。

更广义地来说，通过把研究分享给更大的行业群体，图书馆员对于提高行业整体水平以及帮助他们的同事提高业务是大有裨益的。[①]

4.3.3　培育与评估

（1）培育要求

阅读推广馆员肩负向社会公众宣传阅读理念、促进良好习惯养成以及设计阅读推广活动的重任，需要具备与之相匹配的读者服务、文献信息采选、多学科知识、交流组织、组织管理和研究创新等方面的能力。专业培育，是促进阅读推广馆员获得持续完成阅读推广工作所需知识、技能的必要手段。专业培育应作为阅读推广馆员制度必不可少的一部分，为阅读推广馆的专业化发展提供制度保障。

2012年，深圳少年儿童图书馆承办了首个"阅读推广人"培训班。2015年，上海图书馆学会由浦东图书馆具体组织设计阅读推广培训制度和管理制度的框架性制度文件[②]。2020年，《创建江苏省书香城市建设示范市实施意见》[③]提到，建立并逐步扩大全民阅读领读者和阅读推广人队伍，定期开展培训。除政府牵头和民间发起的培育项目外，在图书馆行业层面，中国图书馆学会等各级公共图书馆学会相继推出了不同的阅读推广人培育项目，以理论学习、实操学习和资格认证相结合的方式开展。公共图书馆自身也会通过继续教育与专业课学习引导馆员提高阅读推广专业能力。培育制度内容应涵盖阅读推广的策划、实施和总结与反思等方面重点能力的培育，还应规范培育进阶模式和资格认证机制，促进科学培育体系的形成。

（2）评估要求

对于阅读推广工作的质量水平，应从图书馆的角度建立其活动绩效评估体系[④]。对于阅读推广馆员的工作，应该有相应的监督和评估机制，并与其职

---

①　译自：Using Research to Promote Literacy and Reading in Libraries：Guidelines for Librarians［EB/OL］.［2023-03-07］.https://www.ifla.org/publications/ifla-professional-reports-125?og=8708.

②　范并思.阅读推广人制度建设的实践与思考［N］.新华书目报,2018-04-05（8）.

③　市政府办公室关于印发创建江苏省书香城市建设示范市实施意见的通知［EB/OL］.［2023-05-20］. http://www.jingjiang.gov.cn/art/2020/9/16/art_62450_2938116.html.

④　李臻,罗瑜.公共图书馆阅读推广活动评价体系的构建［J］.农业图书情报学刊,2014（5）:90-93.

业发展相结合，才能真正发挥机制的激励作用①。构建阅读推广馆员评估制度，不但有助于反映阅读推广馆员的工作绩效，还可以为提升阅读推广工作的方方面面提供有力保障，避免阅读推广服务的盲目性，有助于实现阅读推广目标。结合实际工作，应分别从定量和定性两个方面对阅读推广馆员的工作评估进行制度规范②。第一，定量评估以客观服务数据作为评估指标。主要指可以反映阅读推广服务对图书馆基础服务所产生影响的第一手数据，如文献借阅量、入馆读者量、读者注册量、活动场次、活动人次等。第二，定性评估指对阅读推广工作服务相关人员的主观评价。岳修志根据中原工学院管理架构，把阅读推广馆员分成管理者、执行者和参与者三类，并对应赋予不同的能力要求和评估准则③。在实际工作当中，应针对阅读推广统筹、组织管理和活动执行等不同工作岗位的馆员，根据各自的工作情况制定相应的评价指标。对于负责统筹工作的馆员，应评价其在主持或指导阅读推广工作中发挥的作用，如主持重大阅读推广项目的数量以及其产生的社会影响力；对于负责组织管理工作的馆员，应评价其在组织和管理阅读推广项目中所发挥的作用，如成功组织开展图书馆阅读推广项目的数量，满意度测评结果应不低于85%；对于负责活动执行工作的馆员，应评估其执行完成的阅读推广活动场次、人次。

①　杨晓菲.全民阅读背景下图书馆阅读推广人的培育方式及策略［J］.图书馆学刊,2017（2）:27-30.

②　冯莉.阅读推广视角下的馆员制度构建［J］.图书馆建设,2020（5）:93-99.

③　岳修志.阅读推广活动管理绩效评价要素和内容分析［J］.国家图书馆学刊,2019（2）:32-39.

5　用户至上：公共图书馆阅读推广读者服务制度

5.1　阅读推广读者服务制度内涵

公共图书馆阅读推广读者服务制度的建立，是以保护读者关于阅读推广的知情权利、参与权利、隐私权利为出发点和落脚点，通过明确权利的行使规则，为权利实现提供有力的保障。当然，究其根源，切实满足不同群体读者关于阅读推广的需求，更是保障公共图书馆阅读推广读者服务制度产生和发展的根本动机。好的制度往往具有激励和约束的双重特性。公共图书馆应该通过阅读推广读者服务制度的建立，更好地激发读者的阅读兴趣，优化读者的阅读行为，持续调动读者的主动性、积极性和创造性。

从内涵来看，公共图书馆阅读推广读者服务制度包含了四个维度的内容：保障读者权利、满足读者需求、激励读者阅读、规范读者行为。四个维度的内容构成了阅读推广读者服务制度的核心。

5.2　权利维度下的阅读推广读者服务制度内容

读者权利是指读者拥有国家法律法规和图书馆赋予其利用图书馆的一切权利[①]。现代图书馆是民主制度的产物，社会公众是公共图书馆的支柱，公共图书馆应该满足社会公众的要求、保障读者权利并对其负有责任。读者在参加阅读推广活动时往往拥有知情权、参与权和隐私权。知情权保障读者对阅读推广活动的了解权利，参与权保障读者参与阅读推广组织策划以及评价反馈的权利，隐私权保障读者在阅读推广活动过程中产生的记录不被违法泄露

---

① 李艳丽.我国图书馆地方性法规之读者权利保护研究［J］.图书馆建设,2016（9）:10-13.

的权利。

5.2.1　知情权保障

读者作为公共图书馆阅读推广的服务对象，即"信息不对称"中的弱者方，往往存在较强的知情需求。"知情"迎合了现代社会中尊重人性尊严的伦理基础，读者作为特定的"人"，有权获取与自身有关的图书馆相关信息。发达国家的公共图书馆关于阅读推广服务的读者知情管理实践相对较为成熟，具有以下特点：①公布的活动信息主要以预告类为主，活动预告信息发布早、内容全面、易搜索、指向性强。②阅读推广活动信息内容发布渠道以网站为主，其他发布渠道（如实体海报）为辅。③预告类信息公开程度比较高，而其他信息诸如报名审核、现场秩序等公开程度较低。如美国芝加哥公共图书馆在官网公布的每项活动页面均有详细信息，包括活动名称、时间、地点、描述、语言、备注信息等，同时该页面还会发布同一品牌活动近3—5个月的相关预告以及同一地点即将举办的其他活动，且设置了多个关键词语的指向性链接，点击该词语可直接链接到相关服务[①]。

在国内，公共图书馆关于阅读推广服务的读者知情管理不够成熟，在活动预告、报名审核、现场秩序规范、后续动态等方面不同程度地存在读者知情权保障不完善的问题。在活动预告方面，不少公共图书馆在阅读推广活动举办的前几天才发布预告信息，且信息不够详细，经常出现读者实地前往图书馆看到活动宣传海报才知道有活动要举办的现象；在报名审核方面，阅读推广活动因场地和人数受限，公共图书馆常采用"报名"的形式进行规范管理，不少图书馆也因不及时的读者报名审核和反馈让读者无法确定报名是否成功；在现场秩序规范方面，公共图书馆常常忽略现场秩序规范的有效传达，如入场时间要求、有序就座、资料领取、静音要求、勿交谈与走动、有序互动等信息，并未让读者直接快速地获得和知晓；在后续动态方面，多数公共图书馆对此并不重视，也常常忽略后期相关联活动的"关联性"预告。

鉴于读者知情权保障的重要性，公共图书馆阅读推广读者服务制度应考虑影响读者知情权保障的因素，具体包括：①阅读推广活动信息公开的内容须包

---

①　Chicago Public Library［EB/OL］.［2019-10-08］. https://www.chipublib.org.

括活动预告、报名审核、现场秩序、参与规范、后续动态、突发情况等。②阅读推广活动信息公开的渠道尽量多样化，如官网、微博、微信、短信、邮件等，充分发挥不同渠道的各自优势，保障信息传播高效化、便利化、全面化。③阅读推广活动预告信息很关键，应做到发布早、内容全面、易搜索、指向性强。

5.2.2 参与权保障

读者参与公共图书馆阅读推广的管理，能够较好地实现"共建、共治、共享"的基本理念。公众参与制度是一种良好的利益协调机制。保障公众利益是发展公共图书馆事业最基本的目标，构建读者参与机制，让读者参与阅读推广工作的议事、管理和决策，使其充分表达利益诉求、价值倾向，通过读者的建言献策，凝聚社会力量，以更好地创新、完善阅读推广服务的内容和方式。《国际图联0—18岁儿童图书馆服务指南》提到，"让儿童和青少年参与到诸如阅读俱乐部、作业辅导和众包等活动的共同创作中来也是同样重要的"[①]；《国际图联青少年图书馆服务指南》提到，"图书馆应该寻求一种青少年读者可以参与活动策划、组织、执行的模式，青少年读者作为图书馆的优质资源，可以参与共建共治"[②]。这些政策显示，公共图书馆应该邀请且欢迎读者参与到阅读推广活动的策划、组织、执行环节中来。同时，读者的评价反馈也是读者参与的重要组成部分。读者进入公共图书馆，图书馆与读者之间的互动性就此产生，互动需要有回应环路。图书馆对读者评价反馈的回应机制是否健全，将直接影响到读者参加阅读推广活动的积极性。

发达国家的公共图书馆往往通过以下方式保障读者参与阅读推广管理：①通过理事会制度，充分调动社会力量（如读者理事代表）参与图书馆的议事、决策、管理和监督，其中包括阅读推广的政策、规划制定等。②邀请读者尤其是特殊群体读者一起参与阅读推广活动的策划、组织和执行，以充分发挥读者作为资源的重要性，积极地将读者的隐性知识转化为显性知识，将

---

① 译自：IFLA Guidelines for Library Services to Children Aged 0-18 / Revised Version 2018［EB/OL］.［2023-05-06］.https://repository.ifla.org/handle/123456789/241.

② 译自：Guidelines for Library Services For Young Adults（Revised）［EB/OL］.［2019-10-18］.https://repository.ifla.org/handle/123456789/606.

读者的智慧、知识和规则、秩序带入图书馆系统。③设立读者反馈意见的便捷渠道。如英国伦敦公共图书馆在官网上公布了反馈意见的电话、传真号等，并详细列明了 4 项反馈内容提示，分别是图书馆给您带来的改变、投诉以便图书馆寻找解决方案、提出建议有助于图书馆改进工作、赞美图书馆让图书馆人更加自信[①]；美国芝加哥公共图书馆在官网上标明了读者的投诉问题需在 48 小时内解决[②]。

在国内，公共图书馆的读者评价反馈管理较为成熟，如通过网上意见箱、实体意见箱、读者座谈会、发放调查问卷等形式了解读者对阅读推广活动的意见。但在读者参与公共图书馆阅读推广组织策划方面，目前仍处于起步阶段。除了我国已开展法人治理结构试点单位中的少数几家公共图书馆正尝试在阅读推广活动过程中引入读者参与策划管理，其他公共图书馆在这方面鲜有涉及。如广州图书馆设立的由读者构成的读者委员会成功组织策划了多场阅读推广活动，其中，为视障人士组织策划的"口述影像之国庆阅兵仪式活动"获得了市领导的高度赞许，新华社等主流媒体对此进行了大篇幅报道，取得了广泛的社会影响力。

近年来，随着国家倡导的"共建、共治、共享"政策理念的贯彻执行，以及公民对参与权的意识觉醒，公共图书馆逐渐认识到保障读者参与阅读推广管理权利的重要性。鉴于读者参与权保障的重要性，公共图书馆阅读推广读者服务制度应考虑读者参与权保障因素，具体包括：①鼓励读者参与阅读推广活动策划、组织等管理环节，积极发挥读者自身资源优势。②让读者了解并遵守参与阅读推广管理的整个流程。③表明公共图书馆积极履行读者评价反馈管理的职责，列明读者反馈信息（评价、建议）的具体范围、具体渠道、响应速度。

---

① London Library［EB/OL］.［2019-10-15］.http://www.londonlibrary.co.uk/.

② Chicago Public Library［EB/OL］.［2019-10-08］.https://www.chipublib.org.

参考案例

国际图联 0—18 岁儿童图书馆服务指南（节选）
（2018 年 8 月发布）

第一部分　儿童图书馆的使命与目的

儿童图书馆的目的

目标之一：促成每一位儿童在闲暇时间得以享受信息权利、读写权利、文化发展权利、终身学习权利以及参与创意活动的权利。

第四部分　馆内活动和社群延伸活动

应支持儿童及其父母和照顾者充分利用图书馆，并培养其使用印刷和电子媒介的技能。儿童图书馆员通过积极干预的方式增加儿童的阅读自信和乐趣，并为他们提供分享阅读经验的机会，从而促进读者的发展。儿童图书馆应为各种能力的儿童提供特别活动，例如讲故事和与图书馆服务及资源相关的活动。让儿童和青少年参与到诸如阅读俱乐部、作业辅导等活动的共同创作中来也是同样重要的。

相关活动包括：

● 图书馆导引活动；

● 信息素养和家庭素养活动；

● 阅读推广与读者发展；

● 借阅服务；

● 阅读俱乐部；

● 文化活动；

● 家庭作业俱乐部；

● 作家见面会和讲故事；

● 婴幼儿童谣时间；

● 手工活动；

● 编程俱乐部和活动；

● 创客空间活动；

- 创造性游戏；

- 音乐和戏剧活动。

为促进社群延伸，图书馆应确保为社群内所有成员提供服务，包括诸如残障儿童、移民、难民和那些被歧视人群等。为支持包容性，图书馆应将馆内可供使用的馆藏和服务告知残障服务组织，并邀请他们参加延伸活动和活动策划。

第五部分　空间设计和温馨场所创建

用户参与：让儿童和青少年参与设计他们自己的图书馆空间。在兴建和规划新图书馆时，用户的参与很重要。富有创新精神的图书馆员应该咨询和倾听儿童和青少年关于图书馆空间创造的想法，让他们参与其中。①

国际图联青少年图书馆服务指南（节选）
（2020 年 6 月发布）

第一部分

目标之一：图书馆向青少年提供参与图书馆规划与服务的机会，允许青少年根据自身需要参与图书馆建设以促进青少年发展。图书馆提供志愿者活动，鼓励青少年帮助彼此。

第二部分

青少年应该积极参与图书馆资源、服务和项目的规划、实施和评估。

让青少年有机会参与选择和推广适合他们年龄段的图书，可以为推广图书馆服务和资源带来积极帮助，有助于提高图书馆馆藏的使用率。

图书馆希望在项目的每个阶段寻求青少年的参与。强烈建议让青少年参与决策、规划和实施图书馆项目，这是一种有助于青少年积极发展的最

---

　①　译自：IFLA Guidelines for Library Services to Children Aged 0-18 / Revised Version 2018 [EB/OL].［2023-05-06］.https://repository.ifla.org/handle/123456789/241.

佳做法。[1]

5.2.3 隐私权保障

公共图书馆在制定阅读推广读者服务制度时应充分考虑读者隐私需求，以体现对读者人格的尊重及人文关怀。目前，诸多发达国家对读者隐私权都有制度保护，其公共图书馆在读者隐私权保护实践上也具有很好的示范性。如英国伦敦公共图书馆在官网上发布了用户保护隐私政策，强调图书馆须在符合《2018 年数据保护法》（*Data Protection Act 2018*）、《欧盟通用数据保护条例》（*EU General Data Protection Regulation*）、《隐私和电子通信条例》（*Privacy and Electronic Communications Regulation*）等相关法律法规的前提下进行信息发布[2]。加拿大温哥华公共图书馆在官网上公布了保护隐私政策，详细列明了收集读者个人信息的目的、个人信息的保护、访问途径、信息披露和信息保存有效期等内容[3]。

在国内，读者隐私保护法制化建设目前仍处于起步阶段，我国还没有出台一部关于隐私权的专门法律，读者隐私权保障的依据主要来源于《中华人民共和国宪法》《中华人民共和国民法典》《中华人民共和国侵权责任法》《中华人民共和国公共图书馆法》等基本法律中的某些条款。此外，专门针对图书馆读者隐私保护的行业指南也未出台，相关的条款同样也只是分散在其他规范中，如《中国图书馆员职业道德准则》规定"维护读者权益，保守读者秘密"。在实践中，我国多数公共图书馆未在官方网站上发布相关的隐私政策，且工作人员对读者个人隐私管理意识也不强。在阅读推广服务过程中，读者的个人基本信息、活动报名、活动评论、社交媒体群互动、个人阅读偏好等一系列信息往往会在图书馆系统里留存。对于公共图书馆而言，收集读者相关信息或建立社

---

① 译自：Guidelines for Library Services For Young Adults（Revised）［EB/OL］.［2019-10-18］. https://repository.ifla.org/handle/123456789/606.

② The London Library Privacy Policy［EB/OL］.［2023-04-25］.https://www.londonlibrary. co.uk/privacypolicy.

③ Protection of Privacy Policy［EB/OL］.［2023-04-25］.https://www.vpl.ca/policy/protection-privacy-policy.

交媒体群是为了更好地开展阅读推广活动管理工作，挖掘信息数据是为了更好地分析读者的活动需求和阅读偏好，但若没有保护好这些信息，将会侵犯读者隐私权。

鉴于读者隐私权保障的重要性，公共图书馆在制定阅读推广读者服务制度时应考虑吸纳读者隐私权利保障因素，具体包括：①强调公共图书馆收集的读者个人信息仅限于服务所必需的信息。②适当强调存在法律允许下个人信息披露的特殊情况，如监护人获取未成年人信息、执法时的信息披露、受伤等紧急情况。

5.3　需求维度下的阅读推广读者服务制度内容

公共图书馆读者的类型是多样的，不同对象尤其是特殊人群对阅读推广服务的需求差异较大。公共图书馆阅读推广读者服务制度内容应尽可能多考虑特殊人群需求因素，以真正实现"量体裁衣"。

5.3.1　满足未成年人需求

未成年人是祖国的未来，民族的希望。倡导全民阅读，建立阅读社会，必须从未成年人阅读推广抓起。未成年人群体是公共图书馆开展阅读推广的重要对象之一。阅读推广可以有效地激发未成年人阅读热情与兴趣，培养其阅读素养。

欧美等发达国家公共图书馆非常重视未成年人群体的阅读，其相关的制度较为成熟。国际图联和多国图书馆协会发布的未成年人服务指南对公共图书馆开展未成年人阅读推广服务具有重要的指导作用，且不同程度地强调以下几方面：①未成年人阅读推广活动具有很强的分龄服务针对性，如针对婴幼儿（0—3岁）的阅读推广活动应该以满足婴幼儿的求知欲、感官需要和读写需求为导向；针对学前及学龄初期儿童（4—11岁）的阅读推广活动应该以游戏模式的阅读活动为主，注重打造富有童趣的阅读空间，同时培养他们自主阅读的能力；针对青少年（12—18岁）的阅读推广活动应该以激发其创造能力、沟通能力、合作能力、解决问题能力以及锻炼其批判性思维为导向。②鼓励并支持未成年人或其父母参与图书馆阅读推广活动的策划与组织，尤其鼓励青少年参与活动的每一步，包括设计、推广、主持与评价等多个环节。③构筑一个专业的服务网络系统，深入社区居民的生活之中，如医院的候诊室、日间看护中心里小型的图画书室、家庭教育中心、学校、公园、超市等与目标人群接近的地方，开展阅读推广活动。④强调服务的均等性，特别重视诸如残障儿童、移民等特殊群体，邀请其参加阅读推广活动。欧美发达国家的公共图书馆未成年人阅读服务政策往往是根据权威机构（如国际图联）、各国图书馆协会发布的指南要求而进行制定的。

在我国，未成年人阅读推广相关政策虽较欧美发达国家出台得晚，但不管是社会、学校、公共图书馆还是家庭，都非常关注未成年人的阅读，如《中国儿童发展纲要（2021—2030年）》将"儿童优先"定为儿童发展工作的指导思想和基本原则，要求"坚持对儿童发展的优先保障"，"在出台法律、制定政策、编制规划、部署工作时优先考虑儿童的利益和发展需求"[①]。2012年，中国图书馆学会未成年人图书馆服务专业委员会在年会上发出"儿童优先服务倡议书"[②]。吉林省、广东省、贵州省等地陆续出台的全民阅读促进条例也对未成年人群体等重点群体的阅读促进作了规定。在实践中，我国各级公共图书馆都非常关注未成年人阅读推广服务。未成年人从出生到成年，不仅经历了身体从小到大、体力从弱到强的身体发育过程，在心理层面，更是经历了其思维活动从简单到复杂、认识和控制自身行为能力从小到大的发展过程。他们往往呈现出好奇心强、喜欢幻想、求知欲强、精力充沛等独有特点，但同时也表现出知识掌握不健全、理解和鉴别能力差、心智不成熟、自控能力差的弱点。基于此，针对未成年人的特点，我国公共图书馆正在积极开展分龄化、多样化、社区化、参与化、多元合作化的未成年人阅读推广服务。

鉴于满足未成年人阅读推广服务需求的重要性，以及结合发达国家先进经验、我国现状，公共图书馆阅读推广读者服务制度应包含以下内容：（1）针对未成年人提供分龄阅读推广服务：①对于婴幼儿，多提供绘本书及绘本阅

---

① 中国儿童发展纲要（2021—2030）［EB/OL］.［2023-05-02］.http://www.lyg.gov.cn/zglyg zfmhwz/rtzcfg/content/7246db25-0ae6-45e1-b9db-40a382f70c58.html.

② 2012年会第1分会场：儿童优先与公共图书馆服务［EB/OL］.［2019-10-16］.http://www.lsc.org.cn/contents/1170/521.html.

读推广活动，同时为家长提供儿童阅读指导、儿童心理学、幼教及科普保健等图书，适当对家长进行亲子阅读指导培训；②对于学前儿童，打造游戏模式的阅读、具有童趣的阅读空间，强化沉浸式阅读，开展游戏式的阅读推广活动；③对于小学低年级儿童，多开展以培养习惯为主的阅读推广活动，培养其自主阅读的能力；④对于小学高年级以上未成年人，阅读推广活动应该以激发其创造能力、沟通能力、合作能力、解决问题能力以及锻炼其批判性思维为导向。（2）鼓励未成年人及家长共同参与阅读推广活动的策划与组织。（3）在公共图书馆服务体系中的分馆提供更多的未成年人阅读推广活动。（4）与相关的组织机构如学校、教育局、公益机构、保健机构等合作，为其提供阅读推广服务。

参考案例

婴幼儿图书馆服务指南（节选）
（2011 年 12 月发布）

第二部分

婴幼儿图书馆的任务

"通过提供大量资料和举办各种活动，图书馆为儿童提供了机会，让他们能够体验阅读的快乐，感受探索知识以及培养想象力的乐趣。必须让儿童和他们的父母学会如何充分利用图书馆，学会使用纸质媒介和电子媒介的技能。应当鼓励儿童从小就使用图书馆，这样才更可能使他们以后一直成为图书馆的忠实用户。"（国际图联 / 联合国教科文组织出版的《公共图书馆服务发展指南》，2001）

通过提供大量的资料和举办各种活动，图书馆为婴幼儿及其监护人提供了一个最佳的场所。那里拥有大量适于他们年龄阶段的学习资料，有各种阅读、唱歌活动，有厚板书籍和触摸感知书籍，等等。婴幼儿在图书馆学习的这个阶段作为一段早期的社会经历，它将有益于激发婴幼儿的求知欲和想象力。通过借助教具、猜谜游戏、玩具书以及与日俱增的知识，婴幼儿获取知识的途径将从"儿童—监护人"模式向"儿童—书本"这种新模式发展。

置身书籍的海洋是婴幼儿迈向阅读，并进而迈向写作的重要一步。这将能够激发起孩子们终身阅读的兴趣，培养他们良好的读写能力。

服务

图书馆为婴幼儿的服务应该与为成人的服务同等重要。少儿图书馆应该满足婴幼儿的求知欲、感官需要和读写需求。

在婴幼儿早期发展阶段需要开展和强化听、说、读、写能力。在图书馆场地的允许下，应该为父母及看护人提供音乐表演和戏剧表演的场地，提供家务劳动的实践场所及开展科学、人文知识启蒙的教育基地等。同时，在少儿图书馆，还应该为父母及其那些致力于少儿服务的人们提供培训机会。

除了儿歌、摇篮曲、其他歌曲、图画书及讲故事活动之外，还有一些特别的电脑活动项目，如互动式动画故事书，对促进低龄段孩子的语言能力的发展是非常有用的。与运算能力和读写能力一样，ICT（Information and Communications Technology，信息通信技能）也是要在孩童初期进行培养的一项技能。它能促进孩子学习能力的提高，并能伴随其一生并在将来的职业生涯中发挥作用。应该为婴幼儿家庭、看护人以及监护人提供这方面的实践场所，并使之成为家庭教育中的一部分。

对多数家长而言，公共图书馆并不是他们的首选之地。为了使每个人都能便利地接触到婴幼儿读物，图书馆应该深入到社区居民的生活之中。医院的候诊室、家庭教育中心、日间看护中心里小型的图画书室以及学前班都是图书馆能与目标人群接近的地方。与健康护理中心的工作人员合作也是必要的，因为在很多国家，几乎所有的父母都是定期携其子女前往中心接受身高、体重、体格及语言能力的日常检查。早期的这个阶段对于儿童语言能力的发展至关重要。因此，图书馆员们应该关注如何构筑一个专业的服务网络系统。

除此之外，在图书馆外开展讲故事和朗读活动也是非常重要的，这些活动有益于促进少儿阅读和语言能力的发展。公园、候诊室甚至超市都是开展这种活动的理想场所。图书馆应当及时通知活动举办的时间。

需要特别关注的是那些母语并非该国语言的父母，他们的孩子要么会讲两种语言，要么讲与其父母截然不同的另一种语言。如何帮助那些家庭延续他们的语言 / 文化，以及如何帮助他们融入新环境是很重要的。在既没有图书也没有图书馆员的情况下，口语发展可以被列入延伸项目。[①]

5.3.2 满足老年人需求

随着老龄化社会的到来，老年人成为不可忽视的阅读群体，为他们提供周到的阅读推广服务，是公共图书馆的一项责任和义务。

欧美发达国家的图书馆关于老年人阅读推广服务的制度保障也较为成熟。国际图联和多国图书馆协会出台的老年人服务指南内容翔实、可操作性强，对诸如老年人服务目标和服务规划、提供安全舒适的设施设备、建设馆藏、馆员专业培训、开展延伸服务、开展社会合作和宣传等方面都有详细的规定。各种老年人服务指南、手册为公共图书馆提供了详尽的工作指导。发达国家的公共图书馆在开展老年人阅读推广服务时，以权威机构发布的指南为依据，主要围绕开展电脑网络培训课程和项目资源建设、倡导和辅助形成积极生活方式、提供保健教育、进行书画艺术培训、开设阅读俱乐部、调动老年人资源进行口述历史建设、实施老年志愿者招募计划、通过培训向馆员传播积极老龄化的服务理念等方面开展。

在我国，国家层面制定了《中华人民共和国老年人权益保障法》，地方层面也相应制定了一些老年人优待办法等，通过法律法规、行政规章、标准规范的形式，提出了尊老、免费、方便、帮助等服务原则。针对老年人身心的特殊性，目前我国公共图书馆围绕活动宣传、活动形式、活动主题、活动地点、活动流程等方面，进行精准策划与实施。例如，活动宣传海报的视效、活动的声效依据老年人特点而设定；活动现场配备了方便老年人阅读的老花镜、放大镜、助听器、纸笔等辅助设备，以及医药箱、服务志愿者等；活动形式多样化且安全系数高，活动主题契合老年人需求；活动逐渐深入社区分馆、老人院、疗养院等老年人聚集的地方。

---

① 译自：Guidelines for Library Services to Babies and Toddlers［EB/OL］.［2023-07-07］. https://repository.ifla.org/handle/123456789/574.

鉴于满足老年人阅读推广服务需求的重要性，结合欧美等地发达国家的先进经验、我国现状，公共图书馆阅读推广读者服务制度应包含以下内容：①针对老年人提供适龄阅读推广服务。面向健康型老年人读者，注重该类读者的开发、助学和终身学习；面向非健康型老年人读者，给予物理辅助关怀，如保证通道宽敞和畅通、配备放大镜和视听辅助设备、确保现场有充足的照明等，以帮助其更好地参加阅读推广活动；面向完全不能来馆的老龄读者，提供信息技术辅助形式的阅读推广服务[①]。②开展多样化且安全性高的阅读推广活动，包括保健教育、文化艺术交流活动、数字化素养培训、阅读俱乐部、口述历史活动、代际阅读活动等。③在公共图书馆服务体系的社区分馆提供更多的老年人阅读推广活动。④与相关的组织机构如老年人协会、健康公益机构等开展合作，为老年人提供阅读推广服务。

5.3.3　满足残障人士需求

以各类活动为载体，助推残障人士群体阅读积极性，通过举办丰富多彩的活动，增强其阅读兴趣，是尊重和关爱残障人士群体的一种体现。残障人士也是公共图书馆阅读推广的重要目标之一。

发达国家积极关注并保障残障人士群体的阅读需求，通过阅读推广激发残障人士群体的阅读兴趣，以更好地彰显社会公平正义。国际图联和多国图书馆协会出台了保障残障人士阅读服务的制度。这些政策不同程度地强调以下几点：①多元合作，图书馆应与学校、家庭、诵读协会、政府机构等合作，为残障群体提供阅读推广服务。②精准化服务，根据不同类型的残障人群，量身为其提供阅读推广服务，如针对听障群体开展阅读推广活动时应采用手语、计算机实时字幕等方式进行辅助，针对医院病人、长期居住在护理机构的老年人和残疾人，应开展病房区的按时书车服务、电话随叫随到服务以及适当的娱乐活动。③活动形式多样化，活动包括图书讨论、艺术和工艺项目、电影或幻灯片放映、讲座、音乐表演、游戏、诗歌朗诵，为残障儿童提供手工艺活动、木偶戏表演、讲故事和朗读活动等。④培养数字化阅读能力，图书馆应确保新信息技术为残障群体所利用，以提升其数字化阅读的能力。欧美发达国家的公共图

---

① 李农.英美图书馆的老龄读者服务指南[J].图书馆杂志,2007(10):58-60.

书馆在针对残障人士进行阅读推广服务时，其相关政策也是以权威机构如国际图联、各国图书馆协会发布的指南为依据制定的。

近年来，我国陆续出台了多部涉及保护残障人士文化权益的法律法规，如 2012 年《关于加强残疾人文化建设的意见》、2018 年《中华人民共和国公共图书馆法》等，其中有"为残疾人提供基本的均等的文化服务""为残疾人提供个性化文化服务""政府设立的公共图书馆应当考虑老年人、残疾人等群体的特点，积极创造条件，提供适合其需要的文献信息、无障碍设施设备和服务等"的表述。残障读者是一类特殊群体，在使用图书馆时需要克服各种不便条件。我国公共图书馆近年来越来越重视残障人士的阅读需求，并针对残障人士身心的特殊性，在活动前、活动中、活动后努力为其提供周到的服务，在活动形式、活动主题、活动地点等方面也积极考虑其需求，进行精准策划与实施。在活动前，将活动场地路线、无障碍通道、专用停车位和卫生间、电梯使用、轮椅配备、阅读辅助设备、紧急出口等详细情况告知残障人士；活动过程中，配合残障人士理解、行动能力控制活动节奏，并配备专业服务人员及志愿者，适当提供全程馆内陪伴服务；活动结束后，通过电话、微信等形式进行回访以改善后续服务。公共图书馆还积极策划举办形式多样的阅读推广活动，如分享会、音乐表演、游戏、诗歌朗诵、手工艺活动等，策划多样化的主题，如数字素养、求学、求职、健康、文学等，通过开展轻松愉悦的阅读推广活动，帮助残障人士进行心理重建，增强他们融入社会的自信心。同时，公共图书馆试图将残障人士的阅读推广活动下沉至社区分馆，避免他们因出行不便而消减兴趣。

鉴于满足残障人士阅读推广服务需求的重要性，以及结合国外先进经验、我国现状，公共图书馆阅读推广读者服务制度应包含以下内容：①针对残障人士提供精细化的无障碍阅读推广服务。公共图书馆应该根据视力残疾、听力残疾、言语残疾、肢体残疾、智力残疾、精神残疾等不同残障特点，量身为读者提供无障碍阅读推广服务。②开展形式多样的阅读推广活动，包括图书分享会、故事会、讲座、音乐表演、游戏、诗歌朗诵、手工艺活动、求学及求职培训、数字化素养培训等。③在公共图书馆服务体系中的社区分馆提供更多的残障人士阅读推广活动。④与相关组织机构如残联、特殊教育学校、诵读协会、社会公益机构等合作，为其提供阅读推广服务。⑤培养残障人士的数字化阅读能力。

参考案例

国际图联读写障碍人士的图书馆服务指引（节选）
（2014 年 12 月发布）

3.3 图书馆空间和摆设

在靠近图书馆服务台的中心位置提供"易于阅读"的材料和信息科技工具是非常重要的。诸如阅读和拼写软件、阅读笔和专用移动应用程序等信息科技工具，以便需要时提供给阅读障碍人士解释。

图书馆还可以提供一个"以不同方式阅读"的角落，把录音图书、印刷书籍和 DAISY 图书、"易于阅读"的材料和大字图书摆放在一起，方便找寻。①

国际图联医院病人、长期居住在护理机构的老年人和残疾人图书馆
服务指南（节选）
（2004 年 2 月发布）

对于长期护理的患者，图书馆应考虑提供适当形式的娱乐活动，如读书会、手工活动、观影活动、讲座、音乐表演、游戏、诗歌创作与朗诵、辩论会、节日活动等，以及专门针对儿童的手工活动、木偶节、讲故事活动、朗读活动等。活动可以是单独组织的，也可以通过合作的形式进行组织。②

---

① 译自：IFLA Guidelines for Library Services to Persons with Dyslexia–Revised and Extended ［EB/OL］.［2023–07–07］.https://repository.ifla.org/handle/123456789/498.

② 译自：IFLA Guidelines for Libraries Serving Hospital Patients and the Elderly and Disabled in Long–Term Care Facilities［EB/OL］.［2023–07–07］.https://repository.ifla.org/handle/123456789/479.

5.3.4 满足外来人群需求

随着城市经济的不断发展，越来越多的外来人口涌入城市，并积极地为城市社会发展和经济建设贡献着自己的力量。外来人群同样是公共图书馆不可忽视的重要阅读群体。公共图书馆关注外来人群，为外来人群提供阅读推广服务，是社会进步的标志，它充分彰显了公共图书馆开放、平等、包容的理念。

在国际上，一些图书馆协会较早地就关注到了外来人群的阅读服务，且为此制定了相应的服务指南。如国际图联发布的《多元文化图书馆宣言》《多元文化社区：图书馆服务指南》《多元文化图书馆宣言：实施方案》不同程度地强调：在多元文化和语言背景下，全球社会中的每一个人都有权获得全方位的图书馆阅读服务，图书馆阅读推广服务应特别关注多元文化社会中常处于边缘化境地的群体，即少数民族、寻求庇护者和难民、持临时居留证者、移民工人以及原住民群体。上述宣言、指南以及实施方案还强调：①图书馆多元文化阅读推广服务原则应是为社区全体成员服务，而不是实行基于文化和语言遗产的歧视；以适宜的语言和文字传播信息；提供各种能反映所有社区情况及其需要的资料和阅读服务；工作人员能反映社区的多样性，并接受过培训，可与不同社区进行协作，并为其提供服务。②图书馆多元文化阅读推广服务内容应包括：积极推广识字和识字培训，该内容应包含本国语言及其他国家语言；开展计算机素养培训；由图书馆和社区成员共同组织社会和文化社区活动，如故事会、音乐会、戏剧和展览；图书馆的推广活动应以用户的首选语言开展并进行；图书馆面向多元文化社区提供服务等①。欧美发达国家的公共图书馆在针对外来人群进行多元文化阅读推广服务时，其相关政策同样是以权威机构如国际图联、各国图书馆协会发布的指南为依据制定的。

在我国，对于城市而言，外来人群主要包含外来务工人员和外国人这两类群体。《中华人民共和国公共文化服务保障法》《全民阅读促进条例（草案）》均强调了要切实保障流动人口的文化权益。改革开放以来，大量外来务工人员进入城市谋生，成为我国工业化、城市化进程中的重要力量，但因自

①　广州图书馆.国外公共图书馆多元文化服务政策与案例编译文集［M］.广州:中山大学出版社,2019:5-8.

身因素和外界因素的共同影响，他们仍处于弱势地位，往往呈现出文化程度低、就业渠道窄、就业层次不高、收入水平低、居住条件差、子女教育困难、"看病"问题突出、社会保障水平低、维护合法权益意识欠缺等特点。他们往往对通识教育、就业与技能提升培训、社会保障指引培训有一定需求，其子女教育、文化层次提升也是他们关注和最亟须改善的问题。目前我国不少公共图书馆正在开展丰富多彩的阅读推广活动，以改变外来务工人员文化交往的封闭性，促进其逐步融入城市社区生活，如佛山市图书馆每年牵头统筹组织的"筑梦佛山"文化艺术公益阅读夏令营活动，以及广州图书馆联合广州市来穗人员服务管理局共同举办的"爱上图书馆"专场活动。外国友人对语言融入、文化融入有较强的需求，公共图书馆通过有针对性地开展中文学习班、多元文化展览，以及向外国友人介绍中国历史、文化、宗教、文学、法律法规等方面知识的"窗口"活动，有助于促进中外交流、增进文化认同。如广州图书馆与广州市外宣办合作设立"广州之窗"城市形象推广厅，定期开展主题展览、讲座沙龙等阅读推广活动，让外国友人更好地融入广州城市生活。

鉴于满足外来人群阅读推广服务需求的重要性，结合欧美等地先进经验、我国现状，公共图书馆阅读推广读者服务制度应包含以下内容：①应该致力于对外来人群在语言融入、文化融入、生活融入、技能成长、素养养成等方面的培育。针对外来人群提供多元化阅读推广服务，为外来务工人员提供通识教育（信息素养、安全知识、公民道德）、就业与技能提升渠道、社会保障指引、依法维权等主题的阅读推广服务；为外国友人提供中文学习培训、多元文化展览等多文化多语言阅读推广服务。②在公共图书馆服务体系中的社区分馆提供更多的外来人群阅读推广活动。③与相关的组织机构如外来务工人员协会、外来务工人员子弟学校、对外友好协会、社会公益组织合作，为外来人群提供阅读推广服务。

参考案例

婴幼儿图书馆服务指南（节选）
（2011 年 12 月发布）

第二部分

图书馆对婴幼儿服务的目标

开发婴幼儿语言能力和双语能力，特别是针对说少数民族语言的群体和少数民族群体。

服务

图书馆需要特别关注的是那些母语并非该国语言的父母，他们的孩子要么会讲两种语言，要么讲与其父母截然不同的另一种语言。如何帮助那些家庭延续他们的语言/文化，以及如何帮助他们融入新环境是很重要的。在既没有图书也没有图书馆员的情况下，口语发展可以被列入延伸项目。

读物和选择标准

对多元文化的人群而言，公共图书馆应该拥有双语读物、社区各种母语的读物、能展现社区多元化的读物等。不能阅读母语的孩子可以通过可听书来获取信息。

人力资源

图书馆员应该拥有跨文化的技能和能力。社区中文化的多样性也应该反映在图书馆员团队的人员构成上。图书馆员应该与拥有多元文化背景家庭中的父母加强联系，发挥他们的作用。

管理及评价

有关社区的统计数据的收集对于了解地区的文化多样性也是非常重要的。①

---

① 译自：Guidelines for Library Services to Babies and Toddlers［EB/OL］.［2023-07-07］.https://repository.ifla.org/handle/123456789/574.

多元文化社区：图书馆服务指南（节选）
（2009 年 12 月发布）

6　多元文化图书馆服务的营销、宣传和推广

6.1　推广、鼓励并支持识字与识字培训是图书馆的重要职能，且识字和识字培训应包含本国语言和其他国家语言。

6.2　在合适的时机，帮助居民提升其计算机素养。

6.3　由图书馆和社区成员合作组织的社会和文化社区活动，例如故事会、音乐会、戏剧和展览，应针对多元文化群体。

6.4　图书馆应对无法独立使用图书馆资源的个人以用户自己的首选语言提供服务，且该服务要面向所有多元文化群体。这包括对地理上处于劣势的、居家的、医院和教养机构的服务。移动图书馆服务应收藏反映所服务社区所包含的多元文化资源。

6.5　图书馆的推广活动应使用用户的首选语言，这些服务包括面向工厂和其他工作场所的服务，也包括面向多元文化群体的服务。

6.6　图书馆面向多元文化群体提供的服务，包括信息服务，必要时可以在变化的或者熟悉的位置提供服务。

6.7　图书馆的标准应该通俗易懂。这对新移民来说，是一个很现实的问题。图书馆的诸多标准可以帮助多元文化群体了解图书馆服务并鼓励他们使用。

6.7.1　免费提供公共访问和使用服务，这是鼓励利用图书馆资源的基础。

6.7.2　配备主要用户群语言标识的完善指示导引系统，以及适当地点的国际化指引标识。澳大利亚新南威尔士州立图书馆设计出了一款名为"多语言词汇表"的指引标识工具。该词汇表囊括了49种语言的通用图书馆用语，并提供下载来方便图书馆员和不同语言背景用户之间的沟通。

6.7.3　提供大范围的多语种资源，包括期刊、报纸和多媒体。

6.7.4　向多元文化群体提供相关服务的营销将提高这些群体的图书馆使用率。新服务领域应该包括对多语言互联网访问、多语言办公软件、多元文化对话与交流论坛以及其他的社区能力建设等。

6.7.5 将馆藏资源置于一个开放的、方便获取的显著位置。

6.7.6 登记表、过期提示、预约表、规章制度、图书馆使用指南以及用户和图书馆之间的其他形式的交流应以用户母语显示。

6.7.7 用多元文化群体成员的母语编写反映他们兴趣的推广资料，如资源列表。

6.7.8 提供反映社会语言多样性的图书馆网站。

6.7.9 利用当地社区的有民族特色的报纸和广播等传媒来宣传图书馆服务。

6.7.10 对政界和决策者推广多语言图书馆服务。①

5.4　激励维度下的阅读推广读者服务制度内容

激励阅读可以有效调动读者阅读的积极性，驱动读者进行阅读行为，促使其阅读习惯的养成和阅读行为的持续，也可以有力地推动阅读的普及和深化，促进读者泛阅读和深阅读。读者的阅读行为被激励，往往源于阅读推广活动的趣味性、挑战性、社交性、奖励性。目前国内外部分公共图书馆致力于通过"趣味性激励""挑战式激励""社交性激励""奖励式激励"的方式持续激发读者对阅读的兴趣，以更有效地提升阅读推广的效能。"趣味性激励"的阅读推广活动往往是通过游戏、趣味问答、角色塑造等方式有针对性地推荐图书，让读者沉浸式地了解图书馆的馆藏资源，并在有趣的氛围中挑选、阅读以及分享图书，趣味性阅读激励项目包括图书寻宝活动、读者人生故事专属设计等。"挑战式激励"的阅读推广活动往往利用积分、比赛、领取任务等形式，唤起读者求胜欲，利用读者竞争意识激发其参与兴趣，以不断提升读者阅读动力，挑战式阅读激励项目包括阅读积分制、"每日签到"、阅读打榜比赛、知识竞赛、读书征文比赛、读者朗读大赛、演讲比赛等。阅读推广"社交性激励"往往包括平台对用户的激励、用户对用户的激励。公共图书馆越来越重视

---

① 译自：Multicultural Communities：Guidelines for Library Services［EB/OL］.［2023-07-07］. https://repository.ifla.org/handle/123456789/468.

对读者的情感社交式的阅读激励，如年终时给读者发送一份个人专属阅读统计海报，海报展示的内容包括读者"一年阅读了多少本书""一年参加了多少场阅读推广活动"等阅读数据。读者同样青睐读者彼此间的社交互动，主要通过"关注""点赞""评论""分享"等功能推广阅读。"奖励式激励"的阅读推广一般包括物质激励、荣誉激励、特权激励等形式。物质激励一般指公共图书馆为读者提供现金、实物等物质性报酬，以调动读者的积极性和主动性，如精品图书、惠民购书卡（券）、印有图书馆 Logo 的纪念品、文具等。荣誉激励指为读者赋予某些荣誉称号，使读者受到关注，获得认可，得到赏识，借助于荣誉感的刺激，使读者产生阅读兴趣，形成一种阅读动力和成就感，如为读者授予其优秀读者、五星读者等荣誉称号，为家庭、机构等颁发书香家庭、书香社区、书香企业等荣誉牌匾。特权激励一般指给予读者更自由和更稀有的权利，使读者产生归属感，这一类激励手段包括免除图书逾期款、增加可借阅图书册数、延长借阅期限等。公共图书馆往往会组合运用物质激励、荣誉激励以及特权激励对读者阅读进行鼓励。

鉴于激励式阅读推广具有显著的驱动力与实效性，公共图书馆阅读推广读者服务制度应包含激励属性的相关内容：①公共图书馆应强化阅读推广活动的趣味性、挑战性、社交性、奖励性，可采用阅读积分、"每日签到"、阅读打榜比赛、知识竞赛、趣味问答、角色塑造、证书及奖品颁发等激励方式调动读者阅读积极性，促使其阅读习惯养成和阅读行为持续。②公共图书馆可以邀请读者参与阅读活动的策划、推广和组织，并在活动中给予一定的奖励，如优先参与等。③公共图书馆可以通过评选、推荐等方式产生阅读推广大使，对其进行表彰和奖励，通过专家或名人效应带动更多读者参与阅读推广。

5.5 行为维度下的阅读推广读者服务制度内容

制度确定了人们的活动边界与空间，使人们知道哪些可为，哪些不可为。人们的行为如果越过这一边界，就会得到相应的负面评价或受到惩罚。阅读推广读者服务制度作为一种规则、规范，应该明确读者参加阅读推广时禁止的行为以及相关的惩罚，强调规范性和约束性，以更好地规范读者在阅读推广活动中的行为。

公共图书馆在开展阅读推广服务时，读者的非合理行为在一定程度上会给图书馆造成负面影响。应对读者的非合理行为，欧美国家的公共图书馆往往会在官网上发布读者行为规范。规范多以禁止性的"负面清单"的形式呈现，且设置了类似严重、中度、轻微分类的违反等级，并列明违反后果。禁止行为往往包括：①读者发出噪声、推挤、霸占、体臭严重、赤身赤脚、非指定区域饮食、偷窃、吸烟等个人行为；②大件物品、危险物品、非法毒品、酒类、非协助残疾人的动物等物品携带行为；③攻击、打架、人身骚扰、未经图书馆授权进行私人拍摄或分发资料等"不尊重他人"行为。如纽约图书馆和波士顿图书馆在行为规范中大体都提及了这些点：图书馆要求儿童和青少年同样遵守其一般政策和规定、图书馆无法满足基本的托儿需求、图书馆不负责无人看管的儿童群体的安全、图书馆员可酌情要求有破坏性青少年离开图书馆、父母或监护人应关注图书馆的常规或紧急关闭时间[①]。在欧美国家，完全针对阅读推广活动的读者行为政策鲜有见到，图书馆的读者行为政策和无人看管的儿童政策是其属地内的通用政策，由此，它也是指导和规范参加阅读推广活动读者行为的政策。

在我国，很多公共图书馆在官网上发布了读者行为规范，但多为文明礼仪类的内容，规范内容空泛、指向不明，导致实践指导性差，且没有针对儿童群体的安全行为规范。专门针对阅读推广的读者行为规范微乎其微，只有上海图书馆等几家公共图书馆在官网上发布了相关政策。公共行为规范往往呈现两面性，它无法完美地满足所有人的利益，看似有所束缚，但最终目的是保护和扩大读者权益。读者进入公共图书馆参加阅读推广活动，除了遵守"上位"的公共图书馆通用的读者行为规范，还应遵守阅读推广活动指定的读者行为规范。针对阅读推广服务的活动特性，公共图书馆应对读者噪声产生、推挤、随意占座、乱扔垃圾、饮食、破坏设备设施、携带违禁物品等行为予以禁止。阅读推广活动类型不一，其氛围或动或静，人数或多或少，读者禁止行为的侧重点会

---

① 参考资料来源：New York Public Library—General Policies and Rules［EB/OL］.［2019-10-16］.https://www.nypl.org/help/legal-notices/policies-and-rules；Boston Public Library - Appropriate Library Use Policy［EB/OL］.［2019-10-16］. https://www.bpl.org/about-the-bpl/official-policies/appropriate-library-use/.

有所不同。在所有的目标群体中，儿童是一类比较特殊的群体，因其智力、感知或者运动方面的发育未完全，他们的安全保护更应该受到图书馆重视。公共图书馆应该强调，在儿童阅读推广活动过程中，图书馆不对在馆内无人看管的儿童负责，监护人应对孩子的安全及行为负全部责任，通过明确权责以更好地保护儿童安全。

鉴于在阅读推广服务中有效规范读者行为的重要性，结合国外先进经验、我国现状，公共图书馆阅读推广读者服务制度应包含以下内容：①以"负面清单"形式列明禁止行为，明确惩罚后果，禁止行为的清单式呈现应便于读者理解，惩罚后果的明确可以强化警示作用。②适当列明不同类型活动的读者禁止行为，如：针对讲座、沙龙、培训等安静氛围的阅读推广活动，应对读者大声喧哗、接听电话、随意走动、占座、不正当拍摄、不文明争论等行为予以禁止；针对知识竞赛、表演、手工制作等氛围活跃的阅读推广活动，应对读者霸占资源、不文明骚扰或打断等行为予以禁止；针对展览类的阅读推广活动，应对读者不正当拍摄、触摸或破坏展品、噪声产生等行为予以禁止。③包含儿童群体的安全保护信息，应强调图书馆不对在馆内无人看管的儿童负责，监护人应对孩子的安全及行为负全部责任。

读者服务制度的建立是保障读者权利、满足读者需求、强化阅读激励以及规范读者行为的重要途径。公共图书馆阅读推广读者服务制度包含权利维度、需求维度、激励维度、行为维度等内容，可以从根本上保障读者对阅读推广服务的知情权、参与权、隐私权，指引性地满足未成年人、老年人、残障人士、外来人群等不同读者对阅读推广的需求，也可以较好地实施阅读激励办法，有效规范读者在阅读推广活动过程中的行为。阅读推广读者服务制度可以让粗放式管理走向精细化管理，消除信息不对称，抑制在阅读推广过程中的不合理行为，维护多方的实际需求和利益，使公共图书馆阅读推广服务真正地实现健康蓬勃可持续性的发展。

6 有序而为：公共图书馆阅读推广活动空间制度

6.1 空间服务的概念

20 世纪 50 年代，德国哲学家汉娜·阿伦特提出了"公共领域"（public sphere）的概念，她认为，"在公共领域中展现的任何东西都可为人所见、所闻，具有可能最广泛的公共性。……由于我们的存在感完全依赖于一种展现，因而也就依赖于公共领域的存在，在这一领域中，事物可以从被掩盖的存在的阴影中走出并一展其风貌，因此，甚至是照亮了我们的私人生活的微光，最终也从公共领域中获得了更为耀眼的光芒。"[①] 她进一步指出，人的劳动对应私人领域，人的工作对应社会领域，人的行动对应公共领域。20 世纪 60 年代，德国哲学家哈贝马斯通过著作《公共领域的结构转型》进一步阐释了"公共领域"，此后他在研究中提出："所谓'公共领域'，我们首先意指我们的社会生活的一个领域，在这个领域中，像公共意见这样的事物能够形成。公共领域原则上向所有公民开放。公共领域的一部分由各种对话构成，在这些对话中，作为私人的人们来到一起，形成了公众。……公共领域是介于国家与社会之间进行调节的一个领域，在这个领域中，作为公共意见的载体的公众形成了。"[②] 1989 年，《公共领域的结构转型》英译本出版，更进一步掀起了关于"公共领域"的热烈讨论。综上所述，从汉娜·阿伦特到哈贝马斯，"公共领域"从抽象的哲学概念变得更为具体，有较为明确的构成要素，如公众、对话、公共意见等。在某种意义上，"公共领域"（public sphere）的概念与"公共空间"（public space）的概念大致相当。

与此同时，从 20 世纪 70 年代开始，空间概念逐步为社会科学所关注。空

---

① 汉娜·阿伦特.人的条件[M].竺乾威,等译.上海:上海人民出版社,1999:39.

② 哈贝马斯.公共领域[M]//汪晖,陈燕谷.文化与公共性.2 版.北京:生活·读书·新知三联书店,2005:125-126.

间原本是与时间相对应的一个哲学概念，随着人类认识和研究的不断深入，其内涵不断丰富，逐步变成一个跨多学科的概念，包括哲学、物理学、社会学、建筑学、艺术学等。1989 年，美国城市社会学家雷·奥登伯格在其著作《伟大的场所》（*The Great Good Place*）一书中提出，第一空间指家庭，第二空间是工作场所，第三空间是除第一空间和第二空间之外的社会公共空间，包括啤酒花园、主街、酒吧、咖啡屋、社区中心、邮局、图书馆等。第三空间具有"自由、宽松、便利"的特征。2009 年，在意大利都灵召开的国际图联年会以"作为第三空间的图书馆"作为主题以后，空间服务的理论进一步被图书馆认可和接纳。空间服务理论为图书馆开辟了新的工作领域，图书馆不再是一个单纯的获取信息和借阅浏览的场所，而是融合了人文精神、文化内涵与生活艺术的结合体。同时，对于图书馆来说，空间既是一个物理意义上的包括结构、资源要素组合的概念，也是一个抽象意义上的且突出以人为中心的概念。2018 年，《国际图联 0—18 岁儿童图书馆服务指南》中介绍了公共图书馆的丹麦模型。该模型由四个不同但有所重叠的"空间"组成：灵感空间、学习空间、会议空间和表演空间。这四个空间共同支持未来公共图书馆的四个目标：体验、参与、赋能和创新。同时强调，这四个空间不应被视作物理意义上的具体的"房间"，而更应该是在实体图书馆和网络空间中都能实现的可能性①。2022 年，《公共图书馆宣言》提出："公共图书馆是各地的信息中心，为用户提供各种所需的知识和信息。公共图书馆是知识社会必不可少的组成部分，它要不断适应新的交流方式以履行其帮助所有人普遍获取信息和有效利用信息的使命，它还为知识生产、信息和文化的分享与交流、促进公民参与等提供开放的空间。"②

　　综合目前已有的研究成果，"空间服务"概念有狭义和广义之分，前者是基于图书馆公共活动空间或主题活动空间所开展的服务活动，如在报告厅举行的讲座，在展览厅举办的展览，在多功能室举行的亲子阅读活动，还有些阅读

---

① 国际图联 0—18 岁儿童图书馆服务指南［EB/OL］.［2021-07-04］. https://www.ifla.org/files/assets/libraries-for-children-and-ya/ publications/ifla-guidelines-for-library-services-to-children_aged-0-18-zh. pdf.

② 国际图联/联合国教科文组织公共图书馆宣言 2022［EB /OL］.［2023-05-02］. https://repository.ifla.org/server/api/core/bitstreams/a1f6e692-b7a3-40e4-9998-ae210f1c82df/content.

推广活动本身就是空间服务，如会客室活动、儿童游戏活动；后者是在图书馆传统的藏借阅服务空间基础上不断发展和构建的空间服务，如依托信息共享空间、学习交流空间、文化休闲空间、创客空间等各类空间所开展的服务。本节所谈的"阅读推广活动空间"对应空间服务的狭义概念，即所有与阅读推广活动有关的空间。为保障与规范图书馆阅读推广活动的健康有序发展，完善阅读推广活动空间的使用与管理制度十分必要。

6.2 推广活动空间制度现状

阅读推广活动空间制度一般指由国家、行业或机构制定的有关活动空间使用和管理的制度，在空间服务制度设计方面，美国实践较早。1939 年 6 月 19 日，美国图书馆协会（ALA）理事会采用了美国艾奥瓦州首府的得梅因公共图书馆馆长 F. Spaulding 编写的《图书馆的权利法案》(*Library's Bill of Rights*)，保留了该法案的精神，同时有若干相异之处。1948 年 6 月 18 日，ALA 理事会通过了经过修订并更名为《图书馆权利法案》(*Library Bill of Rights*) 的法案文本 [1]，该法案于 1944 年、1948 年、1951 年、1961 年、1967 年、1980 年、1996 年、2019 年先后进行了修订，1996 年重申了条款 5 中所包含的"年龄"一词。该法案 1980 年版本第六条提出："为所服务公众提供展览场所和会议室服务的图书馆，不管提出使用申请的个人或团体的信仰或所属机构如何，都应在公平的原则上为其提供所需设施。"[2] 时至今日，最新版本依然保留了该条款，成为美国公共图书馆制定空间政策的依据。如底特律公共图书馆会议室政策中附有 1991 年 ALA 理事会关于会议室使用政策的法案解释全文，包括制定政策声明、政策表述方式、公众开放与收取入场费关系等。其中针对法案第六条进一步解释为"使用会议室的资格与会议的主题、主办者的信仰或从属关系无关……会议室的书面政策应采用包容性而非排他

---

[1] 张靖,肖鹏.美国《图书馆权利法案》的制定与修订过程[J].图书情报工作,2015(4):13.

[2] 张靖.ALA《图书馆权利法案》的自由精神[J].图书与情报,2005(2):12-13.

性条款表述"①。

结合国内外公共图书馆的实践，阅读推广活动空间制度现状可以从以下四个方面认识：

6.2.1 活动空间的政策主张与使用形式

从现有国内外图书馆的实践来看，活动空间使用包括主体和客体两部分，一般必须向客体即公众开放。使用主体一般除图书馆自身外，还包括社会主体，图书馆相比社会主体应具有一定优先权。在使用形式上，活动空间使用分为租用和免费使用（含预约、非预约）两类。在向社会开放使用活动空间方面，我国香港、台湾地区的公共图书馆往往以租用形式较多，并且对活动性质和主题具有一定要求。比如，香港公共图书馆对空间租用提出的政策要求是："各界人士或团体租用'香港中央图书馆'的展览馆、演讲厅及活动室，用以举行与艺术、教育、文学、图书馆服务或政府服务有关的展览、活动、讲座或会议。"②台湾"中央图书馆"制定了《艺文中心会场使用管理要点》，会场包括艺文中心国际会议厅、多功能演讲厅、421 教室等场地。其中提出："凡政府机关、公私立专科以上学校及经主管机关登记有案具文教或学术性质团体为举办文教或学术性活动，得向本馆申请使用艺文中心会场。"③北美各公共图书馆往往制定专门的会议室政策、展览政策或公共空间政策，活动空间方面以会议室政策更为多见，一般以先到先得的方式免费预订。如加拿大温哥华公共图书馆在《公共空间政策》中申明："积极利用我们的公共空间，使图书馆成为公共生活中心和终身学习空间。图书馆鼓励公众和社区组织利用其空间开展符合图书馆愿景和目标的活动。"④

根据本研究的调研，我国部分公共图书馆如上海图书馆、广州图书馆、东莞图书馆等开展了场地出租（或招展）业务。以东莞图书馆 2016 年出版的

---

① Meeting Rooms：An Interpretation of the Library Bill of Rights［EB/OL］．［2020-03-01］．https://detroitpubliclibrary.org/policies/meeting-room-policy.

② 香港中央图书馆租用设施［EB/OL］．［2023-05-02］．https://www.hkpl.gov.hk/tc/about-us/services/hiring/HKCL/facilities.html.

③ 艺文中心会场使用管理要点［EB/OL］．［2023-05-14］．http://studyroom.ncl.edu.tw/eduArea/edu.asp.

④ Public Space［EB/OL］．［2023-05-02］．https://www.vpl.ca/policy/public-space.

《图书馆规范管理工作手册》为例，该馆制定了专门的《展览管理办法》，将展览活动划分为图书馆自办展览、外部公益展览（包括政府机关、事业单位及社团举办的公益性展览活动，如城市建设、爱心助学类展览）、外部业务推广展览（如书法展、设计展等）三类，其中第二类属于免费提供，第三类为有偿提供①。深圳图书馆制定的《深圳图书馆场地使用管理办法》规定："本馆场地以满足本馆读者活动、业务活动和公务活动为主，同时兼顾上级、相关单位和本馆各部门的需求。原则上不接受本馆员工个人使用申请。"

6.2.2 活动空间举办内容的限定

从我国来看，上至《中华人民共和国公共图书馆法》，下至地方图书馆条例或管理办法都提出了相应要求。《广州市公共图书馆条例》第四十一条提出："公共图书馆不得将馆内场地提供给第三方举办与公共图书馆功能和服务无关的商业性活动。经公共图书馆同意举办相关活动的，不得影响用户对公共图书馆的正常使用。"②《东莞市公共图书馆管理办法》第四十四条规定则与《广州市公共图书馆条例》第四十一条完全一致。此后，2018 年实施的《中华人民共和国公共图书馆法》在第四章第三十七条规定，"公共图书馆不得从事或者允许其他组织、个人在馆内从事危害国家安全、损害社会公共利益和其他违反法律法规的活动"；第五章第五十条规定，"公共图书馆及其工作人员有下列行为之一的，由文化主管部门责令改正，没收违法所得……（四）将设施设备场地用于与公共图书馆服务无关的商业经营活动"③。

从北美的实践来看，公共图书馆空间政策中禁止或限制使用的范围包括政治集会和竞选活动、宗教活动、筹款活动、非法活动、社交活动、商业活动等，但其中图书馆及其合作伙伴为图书馆筹集资金的活动等特殊情形除外。加拿大温哥华公共图书馆在《公共空间政策》中提出："根据《公共会议室和设施使用政策》，禁止在图书馆内空间传播商业信息或有关材料，但经租赁协议

① 东莞图书馆.图书馆规范管理工作手册［M］.北京:国家图书馆出版社,2016:301-302.

② 广州市公共图书馆条例［EB/OL］.［2023-05-14］.https://www.gzlib.org.cn/policiesRegulations/78168.jhtml.

③ 中华人民共和国公共图书馆法［EB/OL］.［2021-05-30］.http://www.npc.gov.cn/npc/c2/c12435/201905/t20190521_276640.html.

同意且与租赁活动同时进行的除外。"① 美国旧金山公共图书馆针对展览空间政策做出了详细规定，如"本馆不鼓励包含以下图像的提案，这些图像包括暴露性影像，裸露或描绘暴力的有关内容。本馆保留拒绝展览其中任一内容或更改展示方式的权利。本馆展览空间不得用于商业或政治目的，不得用于招揽业务、牟利或筹款。展览中展示的任何艺术品不得在本馆销售，也不能在展览中提供价格信息。任何在本馆举办的展览或其参展者的观点并不代表本馆立场"。②

6.2.3 活动空间使用的政策倾斜

从国外的实践来看，往往对非营利性团体、社区组织（community organization）、政府等使用给予优惠政策，如美国哈特福德公共图书馆提出"非营利团体或组织、社群团体或政府组织可以在图书馆工作时间以全额租金50%的折扣预订会议室"③。美国旧金山公共图书馆则"允许当地社群团体和组织使用其在中央图书馆和分馆的会议室。使用会议室是免费的，但所有会议都必须是免费的并向公众开放"④。我国公共图书馆一般更倾向于对特殊群体使用空间举办的活动给予一定政策倾斜，如《广州市公共图书馆条例》第四十八条提出："公共图书馆应当为老年人、残疾人等特殊群体提供设施、设备、文献信息资源等方面的便利服务。"⑤《东莞市公共图书馆管理办法》从内容上吸收了广州立法的成果，其中第四十二条规定，"公共图书馆应当为老年人士、残障人士等特殊群体提供设施、设备、文献信息资源等方面的便利服务……"⑥。《2016—2020年广州图书馆发展规划》提出，"对面向残障人士、未成年人、

---

① Public Space［EB/OL］.［2023-05-02］.https://www.vpl.ca/policy/public-space.

② Exhibitions & Programs［EB/OL］.［2019-11-22］. https://sfpl.org/services/exhibits-prograrns.

③ Meeting Room Policy［EB/OL］.［2023-05-14］. https://www.hplct.org/library-policies/meeting-room-policy.

④ Meeting Rooms［EB/OL］.［2023-05-14］.https://sfpl.org/services/meeting-rooms.

⑤ 广州市公共图书馆条例［EB/OL］.［2023-05-14］. https://www.gzlib.org.cn/policies Regulations/78168.jhtml.

⑥ 东莞市公共图书馆管理办法［EB/OL］.［2019-11-22］.https://www.dg.gov.cn/zwgk/zfxxgkml/szfbgs/zcwj/gz/content/post_591193.html.

老年人、生活困难群体、外地来穗人员等特殊群体等举办的公益慈善活动优先予以保障"①。

6.2.4 活动空间使用审核机制

使用审核机制主要分为馆内审核以及第三方和馆内相结合的审核。一般采用馆内审核机制的较多，如美国旧金山公共图书馆提出，"活动申请需提交至图书馆管理委员会（Library Staff Committee）审核，其中符合本馆优先发展战略的项目将会被纳入计划联系目录，以供考虑在整个图书馆系统的一个或多个图书馆举办"②。深圳图书馆规定，"馆外其他单位申请使用本馆场地，须向本馆提出书面申请，由办公室协调安排并回复"。广州图书馆采用第三方和馆内审核相结合的方式，如在2018年建立了专家咨询委员会，该委员会负责对社会机构或个人提交的公共交流活动合作申请为广州图书馆提供专业、中立、公平、公正的建议，再由广州图书馆根据专家意见作出决定。此外，涉及与国（境）外合作举办活动还需要向上级主管部门申报批准。

6.2.5 其他配套管理规则

为保障活动空间的正常使用，空间管理还包括安全管理和应急预案、知识产权管理等。关于安全管理，除了常规的消防安全及设备设施管理之外，美国公共图书馆的会议室政策中一般要求使用方购买一定金额的适当责任保险，如美国普罗温斯敦公共图书馆要求使用方购买不低于100万美元的适当责任保险③。让使用方购买保险显然是为了规避图书馆因为提供场地而产生的安全风险。我国公共图书馆一般通过双方协议的方式来规避此种风险。此外，2007年，我国国务院颁布了《大型群众性活动安全管理条例》，其中特别界定"大型群众性活动，是指法人或者其他组织面向社会公众举办的每场

① 2016—2020年广州图书馆发展规划［EB/OL］.［2019-11-22］.http://www .gzlib .org .cn/ devplan/ index.jhtml.

② Exhibitions & Programs［EB/OL］.［2019-11-22］. https://sfpl.org/index.php?pg= 2000028701.

③ Special Event Policy［EB/OL］.［2020-03-01］.http://provincetownlibrary.org/wp-content/ uploads/ SPECIAL-EVENT-POLICY_PPL_04_06_2017.pdf.

次预计参加人数达到 1000 人以上的下列活动：（一）体育比赛活动；（二）演唱会、音乐会等文艺演出活动；（三）展览、展销等活动；（四）游园、灯会、庙会、花会、焰火晚会等活动；（五）人才招聘会、现场开奖的彩票销售等活动。影剧院、音乐厅、公园、娱乐场所等在其日常业务范围内举办的活动，不适用本条例的规定"[①]。因此，图书馆内举办的日常活动一般无须上报公安机关，组织符合上述条件的大型群众性活动特别是户外活动则需申报。尽管如此，图书馆仍可参照该条例，并结合本单位实际情况，做好安全管理工作。

活动空间的知识产权管理主要包括著作权及其信息网络传播权管理，可参考的相关法律法规包括《中华人民共和国著作权法》《中华人民共和国著作权法实施条例》《信息网络传播权保护条例》等。活动空间的知识产权风险包括未经著作权人许可，读者现场直播、全程录制其口述作品、表演，或通过网络传播、出版、发行口述作品、表演，或活动过程中使用的字体、图片、音视频等内容侵犯他人知识产权等。根据《中华人民共和国著作权法实施条例》，"口述作品"是指"即兴的演说、授课、法庭辩论等以口头语言形式表现的作品"[②]。图书馆活动空间中举办的讲座、沙龙等口述作品以及表演等，均属于作为活动嘉宾的著作权人或表演者的劳动成果，具有一定独创性，应依法享有著作权。根据相关调查研究可知，"大多数图书馆人都表示会重视知识产权的影响，但在实践领域中，有 86.4% 的受访者认为所在图书馆没有明确的知识产权手册或制度"[③]。调研结果显示，近年来我国大型城市图书馆在讲座授权管理方面相对较完备，但针对活动空间的知识产权管理较为薄弱，如未规定应在主办方允许前提下才可现场摄录或直播，现场摄录内容只能用于个人学习，不得用于商业用途。讲座授权管理往往也容易未经主讲人授权，便将相关 PPT 擅自分享或提供下载。

总之，活动空间的制度与规范建设仍不健全，表现为在宏观层面往往以宣

---

① 大型群众性活动安全管理条例［EB/OL］.［2023-05-14］. https://flk.npc.gov.cn/detail2.html?ZmY4MDgwODE2ZjNlOTc4NDAxNmY0MjA2Mjc6YTAyYzQ.

② 中华人民共和国著作权法实施条例［EB/OL］.［2023-05-14］. https://flk.npc.gov.cn/detail2.html?ZmY4MDgwODE2ZjNjYmIzYzAxNmY0MDk4ODA2NjA0ZmM%3D.

③ 汤罡辉，韦景竹.图书馆知识产权管理现状的实证调查与对策［J］.图书馆建设,2010（1）:80.

言、服务规范、服务指南、法律、法规等形式的图书馆总体服务规范居多，在微观层面多以包含在具体的阅读推广活动规范之中，未形成专门的空间制度与规范，也未形成公开的空间政策通过网站等公开渠道进行发布。

6.3　阅读推广活动空间制度构建

6.3.1　空间政策的制定依据

（1）遵循相关法律法规

相关法律法规既包括《中华人民共和国宪法》《中华人民共和国公共文化服务保障法》《中华人民共和国公共图书馆法》《中华人民共和国民法典》《中华人民共和国未成年人保护法》等国家法律，也包括政府规章、地方性图书馆法规等。《中华人民共和国公共图书馆法》第三十三条明确规定："公共图书馆应当按照平等、开放、共享的要求向社会公众提供服务。公共图书馆应当免费向社会公众提供下列服务：（一）文献信息查询、借阅；（二）阅览室、自习室等公共空间设施场地开放；（三）公益性讲座、阅读推广、培训、展览；（四）国家规定的其他免费服务项目。"第五十条进一步规定图书馆不得"将设施设备场地用于与公共图书馆服务无关的商业经营活动"[1]。关于在具体实践中如何把握这个尺度，范并思认为："一是不以营利为目的，二是正确判断'无关'的概念。公共图书馆内的收费商业活动，即使与公共图书馆基本服务相关，其收费应当以开展该项服务的合理支出为限度，不以营利为目的。同时应当严格执行国家财务制度规定，不得以谋取公共文化机构和管理人员自身的利益为目的。"[2] 2023 年 3 月，中央宣传部办公厅、文化和旅游部办公厅印发《关于推动实体书店参与公共文化服务的通知》，要求"推动实体书店与公共文化机构融合发展。鼓励实体书店入驻公共文化机构，在实体书店设置图书借阅服务区域，

---

① 中华人民共和国公共图书馆法［EB/OL］.［2021-05-30］. http://www.npc.gov.cn/npc/c12435/201811/3885276ceafc4ed788695e8c45c55dcc.shtml.

② 范并思.依法运行、科学管理公共图书馆的基本依据——《中华人民共和国公共图书馆法解读》［J］.图书馆杂志,2017（11）:13.

合作创建公共阅读空间，实现场地资源共建共享，延伸公共文化服务范围"①。如果说此前关于公益讲座和实体书店图书销售相结合仍存在"越界"的嫌疑，现在看来无论是法律制度，还是政策指引，都对此给予了许可。因此，公共图书馆在法律和政策框架的范围内制定活动空间政策，政府应给予鼓励。

（2）尊重学理依据

学理依据包括国际图联、中国图书馆学会、各地方政府等出台的宣言、指南、标准、规范、政策、规划等。如《国际图联0—18岁儿童图书馆服务指南》指出了为儿童规划图书馆设施时需要考虑的因素，其中提出了空间的灵活性，即"可灵活安排各种活动。该空间应能根据各种活动如音乐、游戏、故事时间、自主学习和数字素养技能工作站等的需要进行使用和重新布置"②。此外，还包括设立"儿童护理空间（如母婴室）、家庭式和全性别厕所、根据年龄范围设置噪声系数"等人性化空间措施。另如，《广州市"图书馆之城"建设五年行动计划（2022—2026）》提出了"以'花城市民文化空间'作为公共图书馆参与乡村文化振兴战略的阵地之一，鼓励结合乡村文化礼堂、地方戏台、文化广场、非遗传习场所、家风家训馆等场所实施文化空间建设，拓展乡村优秀传统文化活化利用阵地，创新开展文化惠民工程，引导优质图书馆资源和服务更多向农村倾斜"③。显然，此处更加强调了基层市民文化空间的灵活性和多样性，更加注重基层文化活动的"大阅读""悦读"的现代理念。

（3）注重空间服务的适用性

尽管总体上，图书馆的阅读推广活动空间面向所有人平等开放，但针对不同的活动空间，其政策具有不同的适用性。根据活动性质不同，图书馆对参加活动的对象有受邀与非受邀的区别，也有年龄、语言、人数等要求。例如，与公共图书馆自身或与合作伙伴举办的公益性活动不同的是，租赁方在图书馆空

---

① 中央宣传部办公厅 文化和旅游办公厅关于推动实体书店参与公共文化服务的通知［EB/OL］.［2023-05-01］.https://zwgk.mct.gov.cn/zfxxgkml/ggfw/202304/t20230427_943435.html.

② 国际图联0—18岁儿童图书馆服务指南［EB/OL］.［2021-07-04］. https://www.ifla.org/files/assets/libraries-for-children-and-ya/publications/ifla-guidelines-for-library-services-to-children_aged-0-18-zh.pdf.

③ 广州市文化广电旅游局关于印发《广州市"图书馆之城"建设五年行动计划（2022—2026）》的通知［EB/OL］.［2023-05-01］.http://wglj.gz.gov.cn/xxgk/gzdt/tzgsgg/content/post_8467154.html.

间举办的活动往往针对的是活动受邀对象。为保护未成年人参加活动的安全，图书馆应根据活动性质和受众年龄要求，明确告知未成年人参加活动需征得监护人同意并陪同。另如，报告厅的非儿童类公益讲座，需要对参加讲座的读者年龄做出要求，成人携带 6 岁以下的儿童参与若对会场秩序构成不利影响，工作人员有权进行劝阻。语言学习类活动对于相关语言基础有一定的要求，工作人员会提前对公众的报名情况进行审核。再比如，关于活动空间租赁，加拿大温哥华公共图书馆针对不同的租赁对象有不同的价格，如 Alice MacKay Room 这间会议室面积约 292.64 平方米，最大容量 100 人，配备投影机（租赁费用另计）和投影幕，常规价格为 4 小时 1100 加元，若是非营利性活动，租赁价格则为 770 加元。其他空间的优惠租赁价格也是按常规价格的七折计算 ①。当然，非营利性活动和非营利机构举办的活动是两个不同的概念，非营利性活动也存在隐性营销的可能性。究竟应对以上哪一种活动给予优惠，图书馆应结合实际情况加强管理。

（4）保持空间政策公开透明

构建完善的空间服务制度，应形成公开透明的阅读推广活动空间政策。完整的阅读推广活动空间政策应包括目的、空间范围、空间使用形式、使用原则、免责声明等。在空间使用形式上，一般包括自用（含合作使用）、社会公益使用、借用、租赁等不同形式。随着公共图书馆影响力的日益提升，公共图书馆的阅读推广活动空间使用日趋多元化。不同的活动，其重要程度和质量均有差别，甚至有的在时间上可能存在冲突。如何兼顾效率与公平，需要图书馆的权衡。活动空间首先是满足图书馆自用需求，其中包括与合作伙伴合作举办的活动。在满足自用仍有富余的前提下，可开放给社会进行公益申请。社会公益使用应符合公共图书馆的功能和服务定位，可通过第三方机制对申请活动进行审核，评定活动的公益性质、质量、水准、影响等，为公共图书馆科学决策提供专业参考，如在申请同时间段时，面向特殊群体的公益活动应获得优先支持。借用或租赁，除应根据当地的国有资产管理办法进行管理，如广州规定"行政单位、公益一类事业单位原则上不得出借国有资产给公益一类以外的其他事业单位"。租赁原则上应以周一至周五的非公众活动时间为主，且应限

---

①　Library Square Conference Centre［EB/OL］.［2023-05-01］.https://www.vpl.ca/rentals.

定为 30 天以内的短期和临时性租赁为宜。免责声明应包括嘉宾在活动空间中所发表的意见不代表图书馆立场，非图书馆主办但在图书馆活动空间举办的活动，由活动主办方承担一切责任等。

参考案例

加拿大温哥华公共图书馆公共空间政策（节选）

一、目标

该政策规定了图书馆内部和外部公共空间的非租赁相关使用条件。

二、范围

本政策适用于图书馆管辖下的任何内部或外部公共空间的非租赁相关使用。它不适用于温哥华市政府管辖下的非温哥华公共图书馆室内空间，例如共用设施内的空间。图书馆公共空间的租赁使用请参考《公共会议室和设施使用政策》。摄影、摄像和无人机的使用指引请参考《图书馆空间摄影和视频政策》。政治候选人或政党对图书馆公共空间的使用，或在选举期间使用的相关指引请参考《图书馆空间的政治使用政策》。

（批准日期：2005 年 12 月，修订日期：2006 年 6 月 28 日、2006 年 7 月 26 日、2021 年 12 月 8 日）

三、定义

公共空间：一般对所有人开放的区域；人们可以自由地参与个人或团体活动，但有可能受图书馆开放时间的限制。

外部空间：图书馆建筑周围或毗邻图书馆建筑的室外区域。

内部空间：图书馆建筑内的区域，包括安全门内外区域，仅允许公众在图书馆开放时间内进入。图书馆优先利用内部空间为公众提供图书馆活动和服务。

四、本土因素（略）

五、政策声明

1. 总则

1.1 图书馆的公共空间是建设一个知情、参与和互联城市的总体愿景的重要组成部分。

1.2 图书馆认为有责任支持一个尊重多样性的社会，促进社会包容，并以民主价值观为指导。

1.3 我们的公共空间致力于为社群建设作出贡献，通过个体互动、有计划的集会和庆祝活动为不同文化和社会经济群体表达意见和观点提供机会。这体现了我们对集体价值观、自由和开放原则以及公共协商的承诺。当然，也为个体提供了独处和思考的机会。

1.4 积极利用我们的公共空间，使图书馆成为公共生活中心和终身学习空间。图书馆鼓励公众和社群组织利用其空间开展符合图书馆愿景和目标的活动。

1.5 图书馆认可公民自由集会和抗议的权利，在公众能够顺利进入图书馆且公众和员工的安全得到保障的前提下，图书馆不会过度干预基于该目的的活动。

2. 外部空间

……

2.2 演示、活动和表演

（a）图书馆公共场所的所有有组织的团体活动都需要事先报备。

（b）外部空间的活动必须考虑音量和持续时间以及附近的住宅和酒店，或须得到温哥华市政府的许可批复。

2.3 商业活动和表演

（a）根据《公共会议室和设施使用政策》，禁止在图书馆内空间传播商业信息或者有关材料，但经租赁协议同意且与租赁活动同时进行的除外。

（b）在图书馆外部空间摆卖商品需要获得温哥华市政府的许可。

（c）除非与租赁活动同时进行并在租赁协议中获得批准，否则不允许表演。

（d）鉴于中央图书馆南广场作为公众聚集场所使用，图书馆保留限制其展示、出租或开展商业活动的权利。

3. 内部空间

……

3.3　商业活动

（a）根据《公共会议室和设施使用政策》，禁止在图书馆公共空间分发商业信息和材料，除非与租赁活动一起，并经租赁协议批准。

3.4　表演

（a）除非与租赁活动一起使用并在租赁协议中获得批准，否则不允许表演。

六、违反规定后果

员工：任何违反本政策的行为都可能导致纪律处分，甚至解雇。

公众：违反该政策的公众将被要求停止任何干扰图书馆服务的活动或被要求离开该场所。[①]

6.3.2　空间服务管理的思路

（1）分类管理

各图书馆的活动空间类型多样，大致可以划分为两类：一类是公共活动空间，如讲座、表演空间，通常包括报告厅、会议厅、剧院／表演厅等；展览空间，通常分为常态化展览、非常态化展览；多功能活动空间，通常包括交流室、会议室、培训室、书画室等。第二类是主题活动空间。该空间包括面向未成年人的讲故事／亲子空间、制作／创客空间，还有与主题服务相结合的活动空间，如影音鉴赏空间、信息素养培训／数字服务空间、视障服务空间等。一般来说，主题活动空间宜采用属地管理方式，由相关服务部门负责及安排使用；主题活动应避免在开放型空间举行，如确需举办，应做好一定围蔽措施，提前向公众进行告示；活动期间应控制好音量，不对其他读者使用图书馆服务造成干扰。公共活动空间宜采用综合管理方式，由活动部门负责活动使用调配，物业和安全保卫部门提供活动设备维护和安全保障。设施设备管理维护一般应委托专业的物业管理公司和设备维保单位负责，做好设备设施的定期检查和维护，建立完善的故障响应机制，及时做好设备设施的更新升级。

---

① 译自：Vancouver Public Library.Public Space［EB/OL］.［2023-05-01］.https://www.vpl.ca/policy/public-space.

无论是主题活动空间和公共活动空间，都需要制订相应的礼仪规范，如要求读者不得占座，提前入场且谢绝中途入场，活动现场禁止使用闪光灯拍摄，需保持安静特别是手机静音等。与主题活动空间主要面向特定人群不同，公共活动空间的服务对象更加大众化。因此，除专门面向儿童的讲座或表演之外，报告厅和表演厅一般应谢绝 6 岁以下儿童（或 1 米 /1.2 米以下儿童）进入，这主要是由于 6 岁以下儿童自制力较差，特别在光线较暗的环境中难以长时间安静观看，来回走动或发出声音会对其他读者造成干扰。

（2）过程管理

过程管理指的是需要做好活动前审批、活动中监督、活动后检查的工作。由于图书馆公共活动空间使用主体的多元化，特别是涉及社会主体使用（含合作使用、公益申请使用、借用、租赁）空间的活动，应在活动前与社会主体签订场地使用协议和消防安全承诺书，约定甲乙双方的权利与义务，特别在责任认定上，应让图书馆免受任何有关使用场地产生的连带责任。做好主办方资质、活动方案、平面图、用电图、物料等材料的提前审核，明确空间使用规程和注意事项，做好大型活动风险研判和应急预案。在活动中，工作人员应全程跟进，要确保活动主题、内容、嘉宾、形式等与方案一致，参与人数符合安全要求，活动现场无出现违反法律法规和协议、无出现商业宣传推广、无妨碍图书馆其他服务或活动正常开展等情况，必要时做好现场摄影或录像记录，维护好图书馆和公众的正当权益及服务秩序。活动后应确保活动空间恢复原状，做好设备设施检查与维护。

（3）安全管理

活动空间的安全管理包括人员安全、消防安全、信息传播安全、意识形态安全等。人员安全管理主要体现在合理控制活动参与人数，发生突发事件时需做好人员有序疏散，特别是针对图书馆举办的大型活动或名家讲座。消防安全管理主要体现在落实消防责任、消防设施确保正常运行、消防通道确保畅通、消防隐患消除等方面。图书馆举办展览等大型活动，往往容易在用电、用材、布展等方面存在消防隐患，比如用电负荷超出原申报功率，布展使用非防火材料，违规高空作业等，应及时加强监督检查，确保实际使用与申报情况一致。信息传播安全管理主要指防止和控制非法、有害或敏感信息进行传播。当前的后疫情时代，活动线上线下融合发展已是大势所趋，尤其需要注意加强活动直播管理，发现非法、有害或敏感信息应在第一时间加以处置。意识形态安全管理包括内容管理、嘉宾管理、合作方管理、报道管理，如活动主题及展示、演讲、授课、自媒体报道等所包括的文字、图片、影像、PPT等内容是否符合党和国家的路线、方针、政策与法律法规。

活动空间的安全管理应坚持"谁主管、谁负责""属地管理"的原则和"以人为本、安全第一、预防为主"的方针，根据活动性质、活动规模、重要程度等建立相应的管理机制，如大型综合性活动或重要活动应严格执行安全审批和检查，并制订突发事件应急处置预案；小型活动应做好日常安全管理和应急处置措施。构建"人防""物防""技防"并重的防护体系，加强日常巡查和重点巡查，利用视频监控技术做好现场记录，提高安全防范能力和安全管理水平，确保活动安全有序运行。

参考案例

广州图书馆公共交流活动规范（节选）

第二十二条　活动安全工作应坚持"安全第一，预防为主"方针，根据活动性质及主办机构的不同建立相应管理机制。大型综合性活动或重要活动应严格执行安全审批和检查，并根据需要制订突发事件应急预案；一般小型活动应做好安全管理和应急处置措施。具体遵照《广州图书馆安全管理工作制度》执行。

第二十六条　严格遵循"谁主办、谁负责；谁审批，谁监督"原则，对责任落实不到位或出现责任事故的部门和相关责任人将予以责任追究。活动过程中主办部门应全程跟进，落实活动应急管理、意识形态管理、环境管理等责任，做到安全有序、氛围良好。对社会合作活动及场地出租活动应确保活动主题、内容、嘉宾、形式等与方案一致。

第三十三条　对合作伙伴进行分层次管理，加强引导、监管和效益评估。正式合作前应签订合作协议，并加强对活动内容、活动宣传、活动组织等方面的安全管理，对合作项目执行过程的质量、效益、成本、知识产权等方面进行监控，做好合作风险管理，维护本馆合法权益。

第三十四条　仅利用本馆场地举办的活动（包括名义合作、公益申请、场地出租等），本馆只对合作主题及合作方予以审核，相关部门应与场地利用方签订协议进行约束，落实主办方责任。

（4）知识产权管理

知识产权管理重点是防止图书馆侵权与被侵权事件发生。为防止知识产权侵权事件发生，对于邀请著作权人、表演者参与活动而产生的口述、表演作品或现场播放的作品，应签订相关授权书，做好授权管理；活动或活动宣传中使用的文字、图片、音乐、影像等素材应获得相应授权。为防止图书馆、活动嘉宾或其他活动主办方被侵权的事件发生，参与活动的读者除必要的信息传播之外，不得未经著作权人或表演者许可，擅自全程现场直播、录播口述作品、表演，或将该口述作品、表演通过信息网络向公众传播甚至用于商业用途。图书馆应加强读者宣传教育，必要时可在活动空间显著位置将相关规则进行告示。

（5）绩效评估管理

绩效评估管理的目的是发挥评估的导向、激励与监督反馈作用，提升图书馆的管理水平与服务质量，进而使资源得到最优配置，彰显图书馆的社会价值。针对空间的绩效评估管理包括评估空间投入和产出的比率、空间服务的效果与质量。图书馆空间的年度投入包括硬件投入、物业运行费用投入、人力投入等，其中硬件投入可以根据硬件的固定资产总值按使用年限折算每年投入，物业运行费用包括水电费和物业管理费，人力投入包括图书馆编制内人员投入和物业人员投入。空间产出效益计算可参考 WH/T 84—2019《信息与文献 公共图书馆影响力评估的方法和流程》，采用"计算置换成本""计算时间成本""征集用户估算价值"等方式确定。最为常见的则是"征集用户估算价值"所采用的 CVM（contingent valuation method，条件价值评估法）方法。该方法假定存在一个市场或存在一种支付方式，读者愿意支付的最大货币量来获得某种服务，分为愿意支付多少钱（willingness to pay，WTP）和抛开预算而言愿意接受的最高价格（willingness to accept，WTA）两种。现以第一种情况为例，为使这个"最大货币量"更加公允，可以通过调查不同读者的最大货币量并取平均值的方式。如市场上公众参与同类讲座愿意支付的最大货币量平均为 30元，图书馆一场讲座的参与人次为 200 人，则该场讲座的空间社会效益为 6000

元。以此类推，所有阅读推广活动空间的年度产出效益都可以计算出来。

空间使用情况和效率包括空间所举办的活动场次和人次、已使用场次占全部可用场次的比率、为特殊群体服务情况等。关于公众对空间服务满意度的测评，可参考 GB/T 28220—2023《公共图书馆服务规范》，采取"可自行或委托相关机构向社会公众随机发放满意度调查表。省级馆、市级馆、县级馆调查表发放数量应分别不少于 500 份、300 份、100 份，回收率应不低于 80%"[①]。并且，按照该规范，各级公共图书馆的公众满意度应不低于 85%。做好绩效评估管理的前提是通过自动化或手工的方式做好日常业务数据的搜集整理，确保数据及时准确，如展览参观人次可以通过客流统计系统进行自动统计，以提高工作效率。绩效评估管理可通过图书馆自身或委托第三方对空间使用情况进行评估，最终形成专业化的活动空间使用绩效报告，并在一定范围内公开。

---

① 国家市场监督管理总局,国家标准化管理委员会. GB/T 28220—2023 公共图书馆服务规范[S].北京:中国标准出版社,2023.

7 促进均等：公共图书馆服务体系的阅读推广制度建设探讨

7.1 公共图书馆服务体系的阅读推广制度建设的意义和原则

7.1.1 公共图书馆服务体系阅读推广制度建设的意义

公共图书馆服务体系开展阅读推广，就是公共图书馆服务体系为促进阅读，扩展读物范围，集全体成员单位之力共同开展的使公众更有意愿、更有条件参与阅读的文化活动和事业。

目前图书馆界对于公共图书馆服务体系阅读推广制度还没有明确的定义。本书认为，公共图书馆服务体系阅读推广制度是要求参与服务体系阅读推广的行为主体（包括单馆、馆员、读者及阅读推广人等相关者）在实施阅读推广行为过程中共同遵守的、按一定程序操作的规程或行动准则。其目的是使服务体系协同开展的阅读推广活动有序进行，按计划、按要求达到预期目标[①]。

公共图书馆服务体系阅读推广制度建设对于公共图书馆规范服务体系开展阅读推广工作、有效推动全民阅读具有重要意义。

（1）服务体系阅读推广制度是公共图书馆作为全民阅读推广服务体系重要组成的有力支撑

全民阅读并不是全体社会成员个人阅读的简单相加，而是指政府或社会组织促进全体国民阅读的社会活动。近年来，党和政府非常重视公共文化服务体系及阅读推广的发展，2014 年 3 月 5 日，李克强总理代表国务院在十二届全国人大二次会议上作政府工作报告，报告首次出现"倡导全民阅读"的内

---

① 范并思. 阅读推广：从创新驱动到制度保障［J］. 图书馆建设，2020（5）：49-52.

容。此后全民阅读连续多年被写入政府工作报告，全民阅读活动在全国范围内广泛开展。2017 年以来相继颁布实施的《中华人民共和国公共文化服务保障法》《中华人民共和国公共图书馆法》都明确规定了相关条款。尤其在《中华人民共和国公共图书馆法》（以下简称"公共图书馆法"）中，规定公共图书馆"应当将推动、引导、服务全民阅读作为重要任务"。这是全球图书馆法律文件中第一次提及全民阅读，也是涉及全民阅读的文件中第一次将图书馆的使命与全民阅读相关联。公共图书馆法奠定了公共图书馆在国家全民阅读运动中的法定地位。

2022 年 4 月 23 日，首届全民阅读大会在京开幕。中共中央总书记、国家主席、中央军委主席习近平发来贺信，希望全社会都参与到阅读中来，形成爱读书、读好书、善读书的浓厚氛围。2023 年 4 月 23 日，中共中央政治局委员、中宣部部长李书磊在第二届全民阅读大会开幕式上指出：要着力满足人民的阅读需求，加快构建覆盖城乡的全民阅读推广服务体系，提供处处可读、时时可读、人人可读的文化条件，推动读书习惯的养成。

推动、引导、服务全民阅读是政府和全社会的责任，开展全民阅读活动的行业和机构很多，如新闻出版发行机构、学校、作家团体、私营读书会等。图书馆是最早的阅读服务机构，在社会所有推动、引导、服务全民阅读的行业中，图书馆行业是非常重要的一个行业。

我国公共图书馆作为公共文化服务的重要社会机构，从 2000 年探索服务体系建设，上海、北京、广东、浙江、江苏等发达地区率先摸索出适合当地的总分馆制。在中国图书馆学会、文化部等部委的推动下，2011 年后，公共图书馆总分馆体系逐渐在全国普及建设[①]。公共图书馆服务体系最初着力于总分馆基础设施建设及协作协调，涉及的业务工作主要包括文献资源的统一分编、统一服务平台建设和数字资源共享，实现图书的通借通还等资源建设及传统服务。自 20 世纪 90 年代以来，随着阅读推广在全社会升温，图书馆也将其作为服务热点。公共图书馆服务体系是公共图书馆面向社会的整体形象展示，其遍布存在社区的基层分馆是阅读推广服务的重要阵地，与全民阅读推广服务体系

---

① 金武刚,李国新.中国公共图书馆总分馆制建设:起源、现状与未来趋势［J］.图书馆杂志,2014（5）:8.

完美契合。然而，服务体系的阅读推广要做到专业化、均等化、公益化，必须通过制度建设来明确服务宗旨、服务内容和服务手段等，通过科学管理服务体系来促进阅读推广服务，发挥服务体系在全民阅读推广服务中不可或缺的引领作用，并与其他全民阅读机构共同促进全民阅读。

（2）服务体系阅读推广制度建设是针对服务体系阅读推广的科学管理

过去十多年，政府主管部门、图书馆管理者和图书馆学人共同推动公共图书馆服务体系制度研究和制度建设，使我国公共图书馆服务体系制度达到了很高的水平。但总体来看，现行公共图书馆服务体系制度比较偏重宏观管理（如图书馆服务点布局）、资源管理（如文献资源建设）、传统服务管理（如文献借阅服务），对公共图书馆服务体系阅读推广的推动作用十分有限。

我国公共图书馆阅读推广经过20余年的蓬勃发展，各个地区的服务体系中心馆（总馆）由于资源丰富、经费充足、专业人员较多，基本都成功推出了若干具有较高质量和较高知名度的品牌阅读推广活动。在阅读推广活动的组织策划、资源收集与利用、人员服务等方面都建立了比较完善的机制，拥有比较丰富的阅读推广资源，深受公众欢迎。但是，由于单馆服务半径有限、投入有限、供给有限，这些优质的阅读推广活动无法仅凭一馆之力惠及服务体系内的所有公众。而基层分馆由于资源、经费、人员不足，除参与服务体系每年的读书月等大型阅读推广活动外，多数平时只能自主随机地开展一些阅读推广活动，这些活动一般规模小、无固定时间，在策划和组织上存在一定的随意性；即使形成了质量好、受欢迎的阅读推广品牌，也往往由于服务半径小、影响力有限，无法辐射到更大范围的公众，甚至无法保障本社区居民享受到普遍均等的阅读推广服务。与此伴行的，由于行政壁垒、行业割据，总体来看，服务体系内往往又存在阅读推广活动投入多头、资源分散、重复建设等问题，造成资源、经费和人员的浪费，有悖服务体系促进普遍均等、高效发展的建设初衷。服务体系合力开展阅读推广，将有效深化公共图书馆服务，提升图书馆服务质量。

科学建构服务体系阅读推广制度，对于阅读推广在服务体系内的均等化、专业化开展及在体系内外部协作协调等方面进行科学合理规范，是提升服务体系阅读推广效能的有效途径。

（3）服务体系阅读推广制度建设是业内的迫切需求

对全国38个公共图书馆的问卷调查显示，97.3%的图书馆认为有必要制订公共图书馆服务体系的阅读推广制度，但 59.46% 的公共图书馆未建立服务体系阅读推广制度。可见，各馆对建立体系阅读推广制度的重要性充分认同，但是付诸实施的图书馆仅占 4 成。顺应时代体系阅读推广服务发展的要求，系统全面地构建体系阅读推广制度，有其必要性。

①制度建设是保障服务体系阅读推广一体化发展的行业内需

在经历最初探索并进入蓬勃发展阶段后，服务体系阅读推广亟须解决规范化、专业化发展问题。制度是达到及提升能力标准的必要措施和手段。统一规范是服务体系阅读推广由点及面的必要保障。城乡基本公共文化服务标准统一、供给均衡、水平大体相当，是城乡一体发展的基本标志[①]。对照城乡基本公共文化服务一体化标准，服务体系在重心由建设转为服务、阅读推广由点及面迅猛发展、响应政府号召向高质量发展的趋势下，其阅读推广通过制度实施扁平化图书馆结构构建和管理，能够使服务体系的成员单位和相关要素更直接地得以主动自觉管理，更顺畅地实现沟通协调，有效加快阅读推广活动从计划到实施的进程，也为创新性阅读推广活动提供更多的机会。通过制度明确服务体系成员单位的权利与义务、阅读推广的实操标准，是实现服务体系阅读推广一体化发展的必然选择。

②制度管理是公共图书馆服务体系阅读推广提升效能的规范纲领

首先，体系阅读推广制度是将相关法规、政策和标准内化为职业操守的必要工具。近年来，党和政府非常重视服务体系及阅读推广的规范化、标准化发展，2017 年以来相继颁布实施的《中华人民共和国公共文化服务保障法》《中华人民共和国公共图书馆法》中相关条款都有明确规定；2019 年以来发布的文化行业标准《公共图书馆业务规范》《乡镇图书馆管理规范》《社区图书馆服务指南》，也对阅读推广作出了专门规定；2016 年立项、2018 年结项的原文化部文化科技司的文化行业标准化研究项目"图书馆阅读推广标准调研及标准体系框架研究"成果为图书馆阅读推广的标准化和规范化提供了参考[②]。此外，各省市出台的地方图书馆条例和全民阅读条例也包含相关内容。随着公共

---

① 李国新.公共文化服务保障法律制度的完善与细化［J］.中国图书馆学报,2021（2）:29-39.

② 李东来.公共图书馆服务体系发展新阶段的认知与思考［J］.国家图书馆学刊,2019（5）:89-92.

图书馆服务体系阅读推广的不断发展，与服务体系制度建设相关度更高的政策和规范也陆续出台。如，《"十四五"文化和旅游发展规划》提出现代公共文化服务体系重心下移、共建共享，进一步完善制度建设，提升治理能力，提高服务的覆盖面和实效性的发展要求[①]。这些法规、政策、标准有力推动了服务体系的发展，但是，由于这些法规、政策、标准多数面向全国或区域内所有图书馆，涉及阅读推广的条款较少，且比较宏观，属于粗线条的规范，与阅读推广的落地实操还有一定距离，尤其对于力量较弱的馆而言，难以把握并精准落实。公共图书馆建设服务体系的阅读推广制度，能够将法律法规政策、行业标准及指南、较成熟的运作机制转化为可以指导阅读推广馆员实践的工作准则，内化为图书馆员的职业操守，是服务体系阅读推广实现一体化、专业化、标准化、高质量发展进程中打通"最后一公里"的必要工具。

其次，体系阅读推广制度是加强体系整体性、减少沟通协调成本的有效手段。目前我国公共图书馆服务体系阅读推广活动普遍存在着重复建设现象严重、分工协作力度不够、优势互补不显著、系统兼容性差、资源整合程度有待加强、综合服务水平不高、服务质量有待提升等问题。服务体系中的城市中心馆及区县级总馆不同程度存在本馆阅读推广活动的公众参与量大、流通量趋近饱和等问题，他们希望效益外溢，满足更大范围的公众需求；而基层图书馆由于阅读推广资源有限、专业馆员匮乏，阅读推广活动尚不能满足公众需求。专家指出，在基层馆普遍存在的重建设、轻服务导致的阅读推广发展缓慢的表象下，隐含着的不只是资源保障不足的问题，更深层的是，由于指导政策和评估标准的不完善，其宏观视野和长期视野较弱[②]。这就需要健全服务体系阅读推广制度，在顶层管理、协作协调、具体操作、培训及考核等方面明晰相关规定和职责，科学整合服务体系内的阅读推广资源和人力资源，规定专业的工作内容和流程，明确指引来自不同成员单位的阅读推广馆员顺畅沟通、协作和配合，开展最优化阅读推广。通过阅读推广制度进行行政干预和利益协调，能够较大程度上解决行为方向和馆际协作协调问题，被成员单位认可并执行，有效减少沟通成本，从而保障服务体系的阅读推广具有整体性、系统性、协调性、规范性。

---

① "十四五"文化和旅游发展规划［EB/OL］.［2023-05-02］.https://zwgk.mct.gov.cn/zfxxgkml/ghjh/202106/P020210602572504684474.pdf.

② 王余光.图书馆阅读推广研究［M］.北京:朝华出版社,2015:210.

第三，体系阅读推广制度是彰显地域特色的专业话语体系。公共图书馆服务体系阅读推广的目标就是以"范围最大化、成本最小化"为原则，使公共图书馆与公众零距离，最大限度地吸引公众，最大程度地开发潜在读者，使公共图书馆读者数量最大化，满足全社会的阅读需求[①]。阅读推广制度是服务体系集所有成员单位之合力，借地缘优势，构建地域专业话语体系的纲领性指南，可以指导成员馆合力推进阅读推广，打造富有影响力的服务体系阅读推广品牌；共同挖掘本区域地方资源，彰显体系特色；所形成的制度文本及其规范下的事实数据能够为相关法律法规及行业标准（尤其是地方性法规及标准）制定及修订进一步提供更加丰富的条款及内容参考，进一步夯实法律法规、行业标准的底层基础，促进相关法律法规及行业标准不断完善。由此不断推进公共图书馆服务体系阅读推广的整体发展，促进公共阅读服务均等化，巩固服务体系阅读推广阵地。

7.1.2 公共图书馆服务体系阅读推广制度建设的原则

（1）在合法合理基础上具化

公共图书馆服务体系阅读推广制度是法规政策标准执行过程的抓手，要对国家法律法规及地方的法律、法规、政策、标准等进行深入具体精准的解读与有机衔接，将其核心要义渗入本服务体系阅读推广制度中。还要注意的是，公共图书馆服务体系作为全民阅读推广服务体系的重要组成部分，且阅读推广作为服务体系的一项服务，公共图书馆需要与全民阅读推广的相关法律法规以及体系内其他专业制度统一和衔接，不能互相矛盾和冲突。公共图书馆服务体系阅读推广制度应通过具体条款，对阅读推广内容及其践行予以具体规范的专业性指引，保障服务体系阅读推广在科学、专业的基点上开展，规定相关的内容和流程，明确指引来自不同成员单位的阅读推广馆员顺畅沟通、协作和配合，开展最优化和最大范围内的阅读推广。制度制定必须遵循明确性、可衡量性、可行性、吻合性原则。

（2）在兼收并包基础上提升

首先，公共图书馆服务体系阅读推广制度应该吸收单馆阅读推广制度的可借鉴元素，在单馆已有的成熟运作规范上进一步提升。其次，公共图书馆服务体系阅读推广制度需要充分考虑本服务体系阅读推广与全民阅读推广服务体系

---

① 罗雪明. 公共图书馆事业的合法性问题初探［J］. 图书馆杂志,2011（2）:2-5.

中的其他行业和机构以及体系内的成员单位共性和差异、阅读推广资源（包括服务资源和服务对象）的共性与差异，本着服务效益最大化原则，在达成共识的基础上制定，为公共图书馆服务体系阅读推广提供明确的指引。再次，公共图书馆服务体系阅读推广制度需要站在体系的高度统筹设计，清晰本服务体系与单馆阅读推广的不同，对本服务体系阅读推广的主体与客体、组织管理的基本内容、体系成员单位共同开展阅读推广的运作模式，以及体系作为整体面对外部组织机构的协作协调等方面，作出界定与规范。最后，需要注意的是，公共图书馆服务体系阅读推广制度不仅要保证当下的适用性，还要有适时修订的张弛度，这也是阅读推广质量提升的表现。如此，才能实现顶层设计科学、作业规范流畅、个体功能互补、综合服务高效、整体功能明显大于单体之和，充分发挥公共图书馆服务体系阅读推广的优越性。

（3）在多元要素基础上融合

公共图书馆服务体系的阅读推广涉及的主体、对象、范围都很宽泛，及其源头，核心要素都是服务体系和阅读推广，当然，在两大要素之下又蕴含着众多的元素。要做好公共图书馆服务体系阅读推广的制度建设，一是要兼顾公共图书馆服务体系和阅读推广两个规范对象。不言自明，体系成员单位的关系没有单馆各部门紧密，中心馆、总馆与分馆的上下级关系、关联关系不显著，更多的是业务联系，服务体系则要突破单馆的界限，合力向社会展示图书馆的形象，提供服务，扩大影响；而阅读推广与传统图书馆服务相比，所具有的项目性、活动性和沟通协调复杂性等特性，使其在服务体系层面上推行又需要更高的统一性、连续性、协调性和互补性。在充分考虑二者特点的基础上，细致分析本地域及本服务体系的阅读环境、内容、馆员、公众等具体情况，合理布局，建构科学专业的服务体系阅读推广制度，实现多元要素有机结合和共融，才能为实现图书馆阅读推广质量目标化、服务方法规范化、服务过程程序化提供指引。二是要充分借鉴业已存在的公共图书馆服务体系阅读推广制度，参考其对多元要素的规范，清晰认识本服务体系要素的实际情况，在借鉴的基础上进行本土化，使自身所在的服务体系的阅读推广制度建设具有良好的实践基础，这是制度生命力的保障。

（4）在协同发展基础上科学定位

开展阅读推广的目的是推动全民阅读。从国家全民阅读的大背景看，从事推动全民阅读活动的主体很多，包括政府机构、企事业机构、非政府组织与个人等。凡是政府机构、社会组织或个人为推动、引导、服务国民阅读而开展的活动，均可称为阅读推广。政府机构开展的阅读立法或阅读政策制定工作，政府部门和企事业单位联合举办的读书宣传、表彰活动，新闻出版、发行机构围绕读物举办读书会、故事会、亲子故事活动，各类机构或个人举办的与阅读相关的讲座、展览等，均可称为阅读推广。同时，凡涉及阅读的机构开展的活动，无论是否涉及推动全民阅读，通常也可被当成阅读推广。图书馆是专门从事阅读推广的行业，理所当然地成为阅读推广的重要主体，也是阅读推广研究最主要的力量。在全民阅读阶段，图书馆的基本定位是推动、引导、服务全民阅读。公共图书馆服务体系阅读推广制度建设，既要注重与全民阅读推广服务体系中的其他行业和机构协同发展，共同推进全民阅读，也要坚持公共图书馆自身特有的公共文化服务特性，保持专业化、科学化发展。

（5）在组织文化认同基础上规范

制度作为一种指导和约束机制，不能完全解决公共图书馆服务体系阅读推广的所有问题，建立和谐统一的服务体系组织文化，减少成员单位的矛盾和冲突，强化成员单位行为的自律性、连续性和一贯性，是保证阅读推广制度贯彻执行力度的基础。这就需要服务体系管理层敏锐地意识到各成员单位的组织文化差异，通过组织文化培育、鼓励非正式接触、提高行为和策略的透明度等，来努力消除彼此的隔阂和陌生，使各成员单位的组织文化在服务体系中相互渗透、相互交融，最终通过相互学习，取长补短，形成服务体系成员单位都能接受的，既融合各种组织文化特色、又有体系特征的处事原则和方法，使具有不同组织文化背景的成员单位之间相互理解、相互尊重，并创造出高度融合的合作方式，从而保证制度的可执行性。

（6）遵循制度理论要求

①树立制度的权威性

价值追求是制度设计的灵魂[①]。阅读推广的目的，就是要帮助缺乏阅读意愿的人爱上阅读，帮助阅读能力不强的人学会阅读，帮助阅读有困难的人克服

---

① 轩传树.从制度手段到价值目标——中国道路研究的视角与范式[J].学术月刊,2014（9）:165-170.

阅读的困难。这正是图书馆核心价值的重要内容。坚持图书馆的专业核心价值理念，建立在坚实的法理基础上的阅读推广制度，才具有权威性和信服力，能够被相关人员内化和运用。

②统筹协调规范阅读推广要素

制度要从阅读推广活动本身出发，考虑需要规范的要素，如明确阅读推广活动需要提供的服务资源，对文献资源、讲座内容及嘉宾、展览的展品、读书会及故事会的交流内容等各类不同特性资源科学分类，并围绕内容发现与获取、评估与选择、审核、保管和再利用进行全方位管理。明确馆员必须履行的职责，对馆员必须具备的专业知识，以及活动策划、组织及与读者互动交流、深度介入的知识与技能予以明确要求；对馆员的资质、素养、行为规范作出明确规定，指引馆员开展科学、专业的阅读推广服务。细化读者管理，进行合理的目标人群定位，保证特定目标人群在阅读推广活动中的需求，同时建立事前知情、事中参与及事后反馈机制。公共图书馆作为公益服务机构，为维护社会公众的基本权益，要设有针对不当行为的管理和约束条款。明确活动空间的管理，就活动准入、活动空间的使用主体及分类、活动空间安全管理及活动空间禁止性内容予以明确规定，既保证阅读推广活动的顺畅有序，也保障传统服务不受干扰。此外，合理的顶层管理是制度高效运行的关键节点。通过顶层管理，规定与阅读推广密切相关的财务、安全、评估等事项的联动程序，规定阅读推广各个要素管理的衔接程序，为活动策划、活动宣传、资源筹措、组织实施、总结评估等各个环节的有机衔接提供保障。合理有效的管理制度是盘活整体制度、推动阅读推广制度发挥作用的关键。

③打造富有韧性的运作机制

所谓机制，就是遵循和利用某些客观规律，使相关主体间的关系得以维系或调整，实现预期作用的过程。制度的作用通常以运行机制的形式表现出来，直接作用于主体的是机制，而不是制度。机制是维系和调整制度规定要素关系或非制度规定要素关系的作用过程，通常具有动态性。没有机制或机制不健全，制度就有被虚置的危险①。阅读推广制度运作机制的核心功能在于对制

---

① 李松林.体制与机制：概念、比较及其对改革的意义——兼论与制度的关系［J］.领导科学,2019（6）:19-22.

度规定的各要素关系的维系和调整。公共图书馆服务体系阅读推广机制的核心功能在于对公共图书馆服务体系阅读推广主体关系的维系和调整，以及组织与人、人与人之间非体制关系的调节。保障机制的韧性，既要维护现有的基本关系格局，也要留有对相关主体间正式关系进行调整的空间，以最大限度地利用和增加关系红利。例如，机制应强化图书馆员工群体之间的合作与促进共识[1]，又如，从阅读推广制度最开始的文本起草到最后的实施，要以个体馆员之间的理解与合作为基点[2]。总之，打造既相对稳定又有灵活性的富有韧性的阅读推广机制，对于图书馆阅读推广制度的有效实施至关重要。

④确保制度的可理解和可执行性

为便于理解和执行，阅读推广制度需要从以下两个方面着手建设：首先，表达要简洁规范。阅读推广制度是馆员及参与各方在阅读推广的各个环节中要遵守的条款，是由图书馆内部制定成文并具备合法性的规范。制度的框架要清晰合理、符合逻辑。要简明并能够告知行为主体相关利益约束的形式，这样会更加有效[3]。阅读推广制度要做到用语简洁、平易、严密；在格式上，采用逐章逐条的写法，以便清晰识别。从最开始的文本起草到最后的制度实施，都要立足于方便每个馆员理解与执行。其次，制度要在遵循法理和学理并符合阅读推广制度基本特征的基础上，与本馆或公共图书馆服务体系实际情况相适应。

⑤建立制度评估机制

作为摸索建立的新型图书馆制度，阅读推广制度在公共图书馆服务体系阅读推广实践中不可避免会存在一些制度虚设或制度失效的问题。阅读推广制度要保持旺盛的生命力，充分发挥对服务体系阅读推广的规范、协调作用，就需要随着公共图书馆服务体系阅读推广的发展和变化与时俱进。建立持续有效的评估机制，能够及时发现制度的漏洞和缺陷，并合理弥补和修正，从而使制度

---

① MELANIE J. Wikis: the perfect platform for library policies and procedures[J].The southeastern librarian, 2012, 60(3): 3-7.

② GARY F. The policy/procedure manual, part IV: writing the manual[J].The bottom line, 2012, 25(3): 95-97.

③ JOSE A, PATRICIA F. Promoting rule compliance in daily-life: evidence from a randomized field experiment in the public libraries of Barcelona[J].European economic review, 2013, 64(11): 266-284.

始终保持对公共图书馆服务体系阅读推广的科学、专业、可持续发展的引领和规范作用。

7.2 粤港澳大湾区公共图书馆服务体系阅读推广调研

本课题组于 2021 年 3 月至 5 月对粤港澳大湾区的香港特别行政区公共图书馆、澳门特别行政区公共图书馆、东莞地区公共图书馆、佛山地区公共图书馆、广州市黄埔区公共图书馆、深圳市福田区公共图书馆这 6 个公共图书馆服务体系阅读推广建设现状进行深度案例调研，并对其基本情况、组织、协调、策划、宣传、培训、考核等情况进行了分析与研究。

调研发现，粤港澳大湾区具有代表性的这 6 个区域公共图书馆为提高体系的整体服务效能，打破单个公共图书馆阅读推广服务模式，强化服务体系内的管理服务、资源整合、业务统筹力度，利用现有总分馆体制有利条件以及与外组织建立合作伙伴关系，提升阅读推广服务内容，服务方式的精细度、专业度、丰富度，促使阅读推广活动得以更好地延伸[①]。上述 6 个区域公共图书馆服务体系的阅读推广目前呈现出实践探索先行、协调机制到位、优质资源共享、配套措施呼应等特点。

7.2.1 特点

（1）方向层面：实践探索先行

粤港澳大湾区部分区域公共图书馆服务体系阅读推广建设现状调研结果见表 7-1。调研中发现，香港特别行政区、澳门特别行政区公共图书馆服务体系阅读推广发展较为成熟，东莞地区、佛山地区、广州市黄埔区、深圳市福田区相较前两者起步晚，但实践探索的发展势头迅猛。在香港特别行政区、澳门特别行政区，公共图书馆是全民阅读活动的实施主体，均是以中央图书馆为龙头，以地区图书馆及小型图书馆为基点，自上而下发散延伸，形成了

---

① 熊剑锐. 总分馆模式下的专题图书馆体系化建设——以东莞图书馆绘本馆为例［J］. 山东图书馆学刊, 2019（4）:59-62.

金字塔型的运行模式①。东莞地区、佛山地区、广州市黄埔区、深圳市福田区的公共图书馆在发展方向上，实践探索先于制度建设。这些区域的公共图书馆先行先试，大胆实践探索，遵循共建、共创、共享、共育的发展宗旨，注重改革创新，搭建起覆盖全城、惠及全民的公共图书馆服务体系，积极推进开展高质量阅读推广全域服务。

表7-1　粤港澳大湾区部分区域公共图书馆服务体系阅读推广建设现状

地区	总分馆概况	全年举办阅读推广活动情况
香港特别行政区公共图书馆	香港特别行政区共有70个固定图书馆（1个中央图书馆、6个主要图书馆、31个分区图书馆、32个小型图书馆）、12个流动图书馆和约110个流动服务点，以及3个自助图书馆站（2020年底数据）	—
澳门特别行政区公共图书馆	澳门特别行政区共有1个中央图书馆，16个分馆（2020年底数据）	读者活动720场次，参与14.54万人次。其中展览8场，参观人次13.10万人次（2019年度数据）
东莞地区公共图书馆	东莞地区共有1个总馆、52个分馆、102个图书流动车服务站、445个村（社区）基层服务点、28家城市阅读驿站、18家绘本馆，实现全市33个镇（街、园区）24小时自助借阅服务全覆盖（2020年底数据）	读者活动1150场次，参与70万人次（2020年度数据）
佛山地区公共图书馆	佛山市联合图书馆成员馆共有349家，其中中心馆1个，市直属分馆1个，区总馆5个、镇街分馆32个、其他分馆3个，基层服务点307个（含智能图书馆266家、馆外新书借阅点3家）；体系拓展建设：民宿图书馆10家，粤书吧6家（2020年底数据）	读者活动2524场次，参与125.94万人次（2020年度数据）

---

① 戴晓颖.香港公共图书馆开展阅读推广活动的理念与机制[J].农业图书情报学刊,2016,28（8）:15-17.

地区	总分馆概况	全年举办阅读推广活动情况
广州市黄埔区公共图书馆	广州市黄埔区共有 1 个区级图书馆，建成并已对外开放分馆 42 个，其中直属分馆 2 个，街镇分馆 15 个，与社会力量共建分馆 21 个，村、社区分馆 4 个，16 个通借通还服务点，实现街镇级公共图书馆设施网络 100% 覆盖（2020 年底数据）	读者活动 1142 场次，其中线上 199 场次，线下 943 场次；参与 47.84 万人次，其中线上 10.55 万人次，线下 37.29 万人次（2020 年度数据）
深圳市福田区公共图书馆	深圳市福田区共有 1 个区级图书馆、10 个街道图书馆、85 个社区级图书馆、11 个主题馆（含合作共建馆和主题分馆）（2020 年底数据）	读者活动 1026 场次（2020 年度数据）

注：调研未获取的信息用"—"标注。

（2）机制层面：协调机制到位

粤港澳大湾区部分区域公共图书馆给服务设置专门的阅读推广协调工作小组情况见表 7-2。建立健全工作协调组织与协调机制，确保联络机制、汇报机制、审核机制中的各工作环节衔接到位，是保障公共图书馆服务体系阅读推广工作运行顺畅的关键。由调研可知，香港特别行政区、澳门特别行政区公共图书馆在服务体系层面的协调机制较为健全。香港特别行政区、澳门特别行政区全域的公共图书馆阅读推广活动均由内设的"推广活动组"负责，该协调小组为常设机构，主要负责全域公共图书馆活动的组织、规划、宣传、执行、制作和统筹等工作，并拥有较为完善的联络机制、汇报机制、审核机制。东莞地区、佛山地区以及广州市黄埔区、深圳市福田区的公共图书馆遵循"机制共建、品牌共创、阵地共享、人才共育"的理念，正在积极地建立并完善服务体系层面的协调机制。区域总馆往往内设协调工作小组；小组成员来自体系层面的不同图书馆，或来自区域总馆的不同部门；小组负责人由区域总馆馆长或分管阅读推广工作的负责人担任。协调工作小组负责全域公共图书馆阅读推广活动的策划、执行、安排及宣传等工作，并形成了较为顺畅的联络机制、汇报机制、审核机制，如香港特别行政区、澳门特别行政区、东莞地区、广州市黄埔区的公共图书馆在服务体系层面建立了联络机制、汇报机制、审核机制等 3 项机制，深圳福田区则在公共图书馆服务体系层面建立了联络机制、汇报机制等2项机制。联络与汇报途径一般包括会议、电话、QQ或微信群、电子邮件等方式，部分区域如东莞地区、深圳市福田区采用了更为规范的书面文件形式进行联络与汇报，广州市黄埔区则通过自建的总分馆运营管理平台开展联络和汇报工作。分馆向协调工作小组汇报的内容往往包括活动计划、活动总结、活动情况（场次、人次）、活动突发情况、需要协调的事宜等。协调工作小组一般依据活动方案的可行性、责任主体的举办能力等进行审核及筛选。协调工作小组定期或不定期地召开工作会议，会议对活动审核、活动策划、活动开展情况、分馆人员阅读推广培训、业务工作存在问题及改进措施等进行讨论。如，广州市黄埔区公共图书馆总馆每月召集统一配备到街镇分馆的工作人员开会，对分馆人员阅读推广培训、活动配送、存在问题等内容进行讨论；深圳市福田区公共图书馆每月至少召开一次工作会议，对总分馆联动活动分工落实、分馆活动信息报送、活动经验及不足总结、活动策划及资源共享等内容进行讨论。

表7-2 粤港澳大湾区部分区域公共图书馆服务设置专门的阅读推广协调工作小组情况

地区	是否设置	协调工作小组的名称、成员人数、组成情况	协调工作小组的职能
香港特别行政区公共图书馆	是	工作小组名称为"推广活动组"，是常设机构。小组共有22名成员。工作小组负责人由图书馆高级馆长担任	负责全域公共图书馆阅读推广活动的组织、规划、宣传、制作和统筹工作
澳门特别行政区公共图书馆	是	工作小组名称为"推广小组"，是常设机构。协调工作小组共有7名成员，全部来自读者服务及推广处。工作小组负责人由读者服务及推广处处长担任。 备注：澳门特别行政区政府文化局辖下公共图书馆管理厅，下设图书资源发展处、读者服务及推广处。其中，读者服务及推广处下设推广小组，为负责各公共图书馆之推广活动的主要小组	负责文化局辖下公共图书馆的阅读推广活动策划、执行、安排及宣传等

地区	是否设置	协调工作小组的名称、成员人数、组成情况	协调工作小组的职能
东莞地区公共图书馆	是	工作小组名称为"东莞读书节工作协调小组"，不是常设机构。小组共有18名成员，成员来自市委宣传部、市文明办、市文化广电旅游体育局、市教育局等。工作小组负责人由市委宣传部主要领导担任，东莞图书馆承担读书节工作协调小组具体统筹工作	制定年度《东莞读书节总体工作方案》；推动、督导、协调全市各单位、镇街（园区）读书节工作的开展；进行宣传及总结表彰工作等
佛山地区公共图书馆	否，计划成立佛山市图书馆学会阅读推广专业委员会	意向：工作小组名称为"佛山市图书馆学会阅读推广专业委员会"，为常设机构。由市图书馆、区公共图书馆、中小学图书馆、高校图书馆等阅读推广工作相关负责人构成。工作小组负责人由佛山市图书馆副馆长担任	意向：机制共建、品牌共创、阵地共享、人才共育
广州市黄埔区公共图书馆	是	工作小组名称为"总分馆协调部"，为常设机构，共有6名成员，成员由编制员工、政府雇员、外包服务人员构成。工作小组负责人由区域总馆馆长和阅读推广部主任共同担任	阅读推广活动策划与配送、总分馆工作人员阅读推广培训等
深圳市福田区公共图书馆	是	工作小组名称为"阅读推广项目组"，为常设机构，该协调工作小组共有8名成员：4名来自馆内的宣传策划部、3名来自读者服务部、1名来自业务辅导部	策划总分馆大型活动，汇总总分馆阅读推广活动信息，宣传总分馆活动

粤港澳大湾区上述区域的公共图书馆重视服务体系层面阅读推广协调机制的建设，通过联络机制积极推动了沟通工作的常态化、即时化，为阅读推广活动的顺畅开展奠定了基础；通过汇报机制实现了工作的全局化、有序化，积极促进了阅读推广工作的统一与有效指导；通过审核机制推动了管理工作的精细

化与严谨化，以实现有效的风控管理。协调机制的有效运行，有力提升了区域内公共图书馆阅读推广分工合作的科学性，增强了布局的合理性，促进了公共图书馆阅读推广合作体系的形成。

（3）操作层面：优质资源共享

粤港澳大湾区上述 6 个具有代表性区域的公共图书馆共享区域内人力、物力、财力等优质阅读推广资源，有力促进了区域内阅读推广均等化发展。其中，东莞地区、广州市黄埔区在公共图书馆服务体系阅读推广优质资源共享做法方面具有一定特色。东莞图书馆于 2017 年启动的特色化的绘本馆体系化建设项目依托总分馆体系，与分馆、社区、幼儿园等合作共建绘本馆，各绘本馆在总馆带动下，以人力、物力、财力等资源共享的形式每季度至少开展一次大型联动系列活动，并创立了若干个有影响力的品牌活动，如"为爱朗读""绘本进社区"等活动，深受小读者喜爱。黄埔区文化广电旅游局自 2019 年起开展"有品文化在黄埔"阅读推广服务项目，该项目以购买服务形式引入第三方运营服务，为社会力量分馆量身打造活动内容，使其区域内的基层图书馆能够获得优质的阅读推广资源。黄埔区文化广电旅游局作为活动主办方，负责统筹安排各社会力量服务点提前申请的活动内容、排期及相关师资的组织与配送，负责活动的统一宣传，黄埔区图书馆各社会力量服务点作为承办单位，负责提供现场指引、签到、安保等配套服务工作，以及活动场地、设施设备、物料准备等后勤保障工作。黄埔区文化广电旅游局统筹管理、统一运作、上下联动，通过资源共享的形式不断优化区域内的资源配置。

实践显示，阅读推广优质资源在服务体系共享方面产生了诸多良好效应。一是使得相对零散的各类阅读推广资源构成高效聚合的整体，促进了区域内成员馆之间资源的优势互补，让区域内公共图书馆阅读推广获得更大的竞争优势；二是能够以较少的投入（人力、财力、物力）换取较高的服务效益，实现规模经济效应；三是有利于构建有影响力的阅读推广品牌，逐步扩大阅读推广活动的社会影响力；四是使得现有总分馆的基础设施得到更加充分的利用，总分馆模式的资源服务辐射效应也得到更进一步地强化。

（4）配套层面：配套措施呼应

服务体系阅读推广的顺畅运行，离不开配套措施的跟进。宣传、培训、考核等配套措施的落地与完善，对公共图书馆服务体系阅读推广的稳步发展发挥了关键作用。香港特别行政区、澳门特别行政区全域的公共图书馆阅读推广活动一般需提前半年至 1 年制定计划，统一宣传，实施时则由各公共图书馆的工作人员配合完成。澳门特别行政区重视阅读推广的考评工作，公共图书馆服务体系阅读推广服务的考评工作由文化局负责，其考核官由文化局的政府人员构成，目前考核标准依照公务员的评核准则进行。东莞地区、佛山地区、广州黄埔区、深圳市福田区正在积极开展服务体系阅读推广宣传、培训、考核工作。在宣传方面，协调工作小组会通过微信、微博、抖音、融媒体、官网、宣传册子、报刊、电视、电台、海报等途径进行活动宣传，以及通过文创产品、学术成果、活动视频光盘等配套衍生产品进行成果化宣传。在培训方面，协调工作小组会根据业务需求经常邀请政府人员、总馆工作人员、分馆工作人员、高校老师、培训机构老师等为工作人员、志愿者提供阅读推广培训，培训的内容往往包括阅读推广活动举办方式、具体组织细节、与读者沟通技巧、突发情况应对、实践案例分享等。在考核方面，协调工作小组定期开展考评工作，考评官一般由主管部门的政府工作人员、总馆工作人员、专家学者构成；考评的内容以活动情况（场次、人次）、活动宣传力度、活动组织情况、活动影响与效果（线上传播、媒体报道、读者反馈等）、服务体系内合作举办活动的场次及人次为主；对表现好的公共图书馆采取的奖励形式以通报表彰、颁发荣誉证明（如证书、奖杯、牌匾）、增加下一年度经费投入为主，对表现差的公共图书馆采取以激励帮扶为主的措施。

粤港澳大湾区上述区域的公共图书馆通过统筹宣传资源，拓展宣传渠道，整合报道力量，推动形成协同宣传的良好局面；通过对服务体系内的阅读推广人进行系统培训，较好地保障了体系内员工素质和服务质量这两个方面；通过考核，推动服务体系内的阅读推广活动持续性地"向好发展"。宣传、培训、考核等配套措施的呼应，为服务体系阅读推广的快速发展提供了关键性的有力保障。

7.2.2　制度层面存在的问题

粤港澳大湾区上述 6 个区域公共图书馆服务体系的阅读推广建设总体成效较为显著，实践探索先行、协调机制到位、优质资源共享、配套措施呼应等特点为服务体系阅读推广建设奠定了重要基础，较为成熟的工作机制为全国其他区域提供了示范。但也要看到，上述 6 个区域公共图书馆服务体系阅读推广建设并未完全达到成熟，这其实与公共图书馆服务体系阅读推广制度的缺失或效用不高有一定关系。规范的制度是维持运转秩序、保障政令顺畅的基本措施，是事业发展的重要保障。完善的制度可以引领公共图书馆服务体系阅读推广走得更远。本课题组于 2020 年 9—10 月及 2021 年 3—5 月的两次调研发现，目前我国公共图书馆服务体系阅读推广工作在制度方面普遍存在一些问题，如制度供给基本缺位、制度供给适用性不强、制度缺乏系统性设计等，粤港澳大湾区的这 6 个区域公共图书馆体系同样存在类似问题。

（1）制度供给基本缺位，主观行事较为常见

在课题组第一次调研的公共图书馆中，有 40.54% 的公共图书馆表明已在服务体系层面建立了阅读推广制度，课题组根据答复结果再次联系已有相关制度的公共图书馆，希望获取相关制度文本，但其中绝大多数的公共图书馆表示无法提供，因为它们只是被零星提及，并不是真正意义上的完整制度。在课题组第二次调研中，除香港特别行政区、澳门特别行政区公共图书馆表明不方便提供制度文本外，其余区域公共图书馆表明目前的相关制度并不是完全针对性的制度。由此可见，目前我国公共图书馆服务体系阅读推广相关制度缺位较为明显。正因为制度供给缺失，公共图书馆服务体系阅读推广的合作与运行更多的是依托职业自觉，其实践操作较为随意。比如，在粤港澳大湾区的这 6 个区域中，联络会议召开的频率差异较大，有"视情况而定"，也有"半年 1 次"，"每月至少 1 次"；审核活动的内容和标准差异也较大，有些区域公共图书馆有审核标准，如"方案计划是否可行、活动内容是否合适、责任主体是否明确等"，"对活动主题、形式、师资、经费支出等进行审核"，也有些区域公共图书馆没有具体标准，人为因素占主导，审核环节主观性非常强；汇报、培训等环节的实施同样是依托职业自觉，主观行事的情况较为常见，存在较大的不稳定性。

（2）制度供给适用性不强，缺乏一定的指导性

通过调研了解，制度供给适用性不强也是现阶段制度存在的显著问题。目前，我国部分区域公共图书馆已出台一些与服务体系阅读推广相关联的制度，但其内容设计欠缺一定的针对性与可行性。如东莞市非常重视全民阅读活动，东莞市委办公室、东莞市人民政府办公室每年会下发关于东莞读书节工作方

案，工作方案要求阅读推广活动包括名称、主办 / 承办单位、目标要求、组织机构、举办时间和地点、活动主题、活动口号、主要活动、工作要求等内容，并附上"协调小组办公室各工作组人员组成和工作职责"、"东莞读书节主要活动日程安排表"、"东莞读书节宣传推介方案"相关附件内容，整个工作方案细致严谨，指导性强，但该工作方案主要定位为东莞读书节，与公共图书馆服务体系阅读推广制度的普适性要求仍存在一定的差异，其适用性并不算强。广东省立中山图书馆也只是在其制定的《广东流动图书馆二期提升服务效能合作协议》中对省域范围内开展"展览与讲座资源服务"进行了简单的规定，没有针对性的制度。

（3）制度供给较为碎片化，无法发挥制度的整体功效

现有的公共图书馆服务体系阅读推广制度碎片化、不成体系，阅读推广组织、协调、策划、宣传、培训、考核等相关内容基本分散在其他的制度里。如公共图书馆服务体系阅读推广协调、培训等制度会在公共图书馆总分馆运营总制度里被零星提及。碎片化的制度不利于发挥制度整体功效，会导致运行效率较为低下。服务体系阅读推广制度设计与建设应着力构建一个完整的系统，这个制度系统中各部分既各有分工、互不冲突，又相互联系、协调配合，共同发挥作用。因此，公共图书馆服务体系阅读推广制度的建设应引入宏观思维，综合考虑协调、实施、宣传、培训、考核等子因素，以构建一个闭合的、关联的、科学的制度系统，形成良性机制[①]。

7.3 公共图书馆服务体系阅读推广制度内容分析

21世纪初，上海、佛山、东莞、深圳、嘉兴等地率先探索总分馆制，拉开了服务体系建设的序幕。根据中宣部公开数据显示，经过20多年的发展，截至2022年6月，全国共有2642个县（市、区）建成图书馆的总分馆制，占全国县（市、区）比例达到93%[②]。随着各地区公共图书馆服务体系建设的不

---

① 陈传夫,刘杰.图书馆制度建设的法制化路径[J].图书馆论坛,2007(6):231-235,12.

② 邱冠华,于良芝,许晓霞.覆盖全社会的公共图书馆服务体系:模式、技术支撑与方案[M].北京:国家图书馆出版社,2008:9.

断完善，开展阅读推广活动，推进全民阅读日益成为服务的主要内容。在公共图书馆服务体系建设中完善阅读推广制度，构建区域性的阅读推广长效机制，能充分发挥制度的规范性和引领性作用，提升公共图书馆服务体系的标准化、均等化水平。

7.3.1 制度现状的宏观与微观

（1）宏观层面

从宏观层面来看，主要表现为国家、省市制定的有关促进全民阅读或公共图书馆管理的法律法规、政策文件和行业标准，为公共图书馆服务体系阅读推广制度的制定和发展提供了基本原则。2017 年 6 月，由国务院法制办审议通过的《全民阅读促进条例（草案）》正式实施。另外，据不完全统计，2015—2022 年，江苏、湖北等 18 个省、市陆续制定全民阅读促进办法、条例或决定（详见表 7-3）。在 2017 年和 2018 年国家相继施行《中华人民共和国公共文化服务保障法》和《中华人民共和国公共图书馆法》之后，各地根据国家法律制定地方阅读立法的趋势更为明显。

表 7-3 全民阅读地方性法规文件一览表

序号	条例名称	施行时间
1	江苏省人大常委会关于促进全民阅读的决定	2015-01-01
2	湖北省全民阅读促进办法	2015-03-01
3	辽宁省人大常委会关于促进全民阅读的决定	2015-03-31
4	深圳经济特区全民阅读促进条例	2016-04-01
5	四川省人大常委会关于促进全民阅读的决定	2016-04-14
6	石家庄市人大常委会关于促进全民阅读的决定	2016-12-29
7	黑龙江省人大常委会关于促进全民阅读的决定	2017-04-23
8	常州市人大常委会关于促进全民阅读的决定	2017-06-30
9	吉林省全民阅读促进条例	2017-12-01
10	烟台市全民阅读促进条例	2019-04-01

序号	条例名称	施行时间
11	河南省人大常委会关于促进全民阅读的决定	2019-04-23
12	广东省全民阅读促进条例	2019-06-01
13	贵州省全民阅读促进条例	2019-08-01
14	宁波市全民阅读促进条例	2020-04-01
15	永州市全民阅读促进条例	2020-12-11
16	宁夏回族自治区全民阅读促进条例	2021-01-01
17	山西省全民阅读促进条例	2021-07-01
18	温州市全民阅读促进条例	2022-01-01

其中，有一半地区明确提到建立公共图书馆服务体系或总分馆体系，包括江苏、湖北、辽宁、黑龙江等省以及江苏常州、山东烟台、浙江宁波、湖南永州和浙江温州。从烟台、宁波、永州和温州的全民阅读促进条例来看，更加突出了图书馆在全民阅读促进中的作用，有关"图书馆"的表述达到了20次及以上。

除全民阅读立法外，截至2023年7月，深圳、内蒙古、湖北、北京、四川、贵州、安徽、新疆等8个省（自治区、直辖市）以及广东省广州市先后出台了（公共）图书馆条例地方性法规，上海、河南等9个省（自治区、直辖市）以及广东省东莞市出台了公共图书馆管理办法或工作条例（详见表7-4）。另外，江苏省扬州市2022年12月施行了《扬州市城市书房条例》，对依托各级公共图书馆资源建立的新型公共文化设施进行规范。

表7-4　各地图书馆规章一览表

序号	类别	条例名称	施行时间
1	地方性法规	深圳经济特区公共图书馆条例	1997-07-15（2019年修正）
2		内蒙古自治区公共图书馆条例	2000-08-06（2022年7月修正）
3		湖北省公共图书馆条例	2001-07-27（2022年9月修正）
4		北京市图书馆条例	2002-07-18（2016年修正）
5		四川省公共图书馆条例	2013-10-01

序号	类别	条例名称	施行时间
6		广州市公共图书馆条例	2015-05-01
7		贵州省公共图书馆条例	2021-01-01
8		安徽省实施《中华人民共和国公共图书馆法》办法	2022-06-01
9		新疆维吾尔自治区公共图书馆条例	2023-07-01
10		贵州省县级图书馆工作条例	1985-06-07（2020年废止）
11		上海市公共图书馆管理办法	1997-07-15（2002年、2004年、2010年、2015年修正）
12		河南省公共图书馆管理办法	2002-09-01
13	地方政府规章	广西壮族自治区公共图书馆管理办法	2002-11-15
14		浙江省公共图书馆管理办法	2003-10-01
15		乌鲁木齐市公共图书馆管理办法	2008-05-01
16		山东省公共图书馆管理办法	2009-06-01
17		重庆市公共图书馆管理办法	2017-09-04
18		东莞市公共图书馆管理办法	2017-03-01
19		佛山市公共图书馆管理办法	2021-05-01

其中，四川、贵州、安徽和新疆等省（区）以及广州市的地方性法规中明确提到建立公共图书馆服务体系或总分馆（制）体系。政府规章中仅有东莞市和佛山市的公共图书馆管理办法明确提到了总分馆体系或中心馆—总分馆服务体系。

2012年以来，图书馆行业相继出台了《公共图书馆服务规范》《社区图书馆服务规范》《公共图书馆总分馆业务规范》等服务规范、标准，如《公共图书馆总分馆业务规范》提出了"联合社会教育服务"，并规定"总馆应在广泛征求分馆意见的前提下制定总分馆体系年度社会教育服务计划，每年统筹总分馆体系内各馆在'世界读书日''公共图书馆服务宣传周'等期间开展不少于

2 次联合社会教育服务"[①]。2023 年 7 月，新修订的推荐性国家标准《公共图书馆服务规范》（GB/T 28220—2023）正式实施。除国家标准外，安徽、青海、江苏、江西、浙江、重庆等省份根据国家标准相应制定了地方性公共图书馆服务标准或服务规范（详见表 7-5）。

表 7-5　各地图书馆服务规范一览表

序号	制度名称	施行时间
1	安徽省公共图书馆服务标准（试行）	2011-11
2	青海省公共图书馆服务标准	2013-01-01
3	江苏省公共图书馆服务规范	2013-09-02
4	DB36/T 721—2013 江西省公共图书馆服务规范	2013-12-31
5	DB33/T 2011—2016 公共图书馆服务规范（浙江省）	2016-06-26
6	DB33/T 2180—2019 公共图书馆中心馆—总分馆建设服务规范（浙江省）	2019-02-15
7	重庆市公共图书馆服务规范（修订版）	2017 年施行，2019-07-16 修订
8	青海省公共图书馆服务规范	2022-08-01

（2）微观层面

微观层面主要表现为市级及以下有关公共图书馆服务体系的规范、标准、指南，其中涉及对阅读推广的规范。从体系建设和制度规范来看，珠三角地区的深圳、东莞、佛山、广州等城市和长三角地区的浙江嘉兴等城市可谓走在全国的前列。深圳市于 2003 年启动"图书馆之城"建设，形成了《"图书馆之城"宣传推广活动工作规范》等制度文件。东莞市 2004 年启动总分馆制建设，除形成《东莞地区图书馆总分馆制实施方案》《东莞市建设图书馆之城实施方案》《关于贯彻落实〈东莞市建设图书馆之城实施方案〉的意见》《东莞市公共图书馆管理办法》等制度文件外，还由东莞市图书馆专门针对"东莞读

---

① 中华人民共和国文化和旅游部.公共图书馆总分馆业务规范［EB/OL］.［2023-05-14］. https://www.mct.gov.cn/whzx/zxgz/wlbzhgz/202009/W020200928523169377947.pdf.

书节"制定了《"东莞读书节"工作协调小组办公室工作规程》，以规范和协调体系内阅读推广活动发展。佛山市也于 2004 年开启了联合图书馆建设，形成了《联合图书馆体系建设管理规范》《佛山市联合图书馆标准体系》等一系列制度文件。2015—2020 年，广州市围绕服务体系建设，先后出台了《广州市公共图书馆条例》及其配套制度 11 项，《广州市公共图书馆馆长联席会议章程》等 6 份业务规范。浙江嘉兴市从 2005 年开始建设城乡一体化的服务体系，十多年来构建起了由政策、规范和标准所构成的一整套制度体系。

从公开的服务体系标准来看，据不完全统计，浙江嘉兴、绍兴、宁波、台州，广东广州、深圳、佛山、惠州，河南开封、许昌，山西临汾等城市的体系标准涉及阅读推广方面内容（详见表 7-6）。

表 7-6 各地图书馆服务体系标准一览表

序号	标准名称	施行时间
1	嘉兴市公共图书馆中心馆—总分馆服务体系标准	2015 年
2	绍兴市乡镇（街道）图书分馆服务标准	2016-10
3	公共图书馆中心馆—总分馆服务体系建设管理规范（浙江省嘉兴市地方标准）	2017-06-15
4	乡镇（街道）图书馆建设与服务规范（浙江省宁波市地方标准）	2018-06-21
5	佛山市联合图书馆标准体系	2018-09-03
6	公共图书馆服务规范（广东省惠州市地方标准）	2019-11-14
7	家庭图书馆建设与服务规范（浙江省台州市地方标准）	2020-01-01
8	开封市全民阅读工作实施规范（河南省开封市地方标准）	2020-09-15
9	公共图书馆服务质量规范（广东省广州市地方标准）	2020-10-01
10	公共图书馆统一服务业务统计数据规范（广东省深圳市地方标准）	2020-10-01
11	县级公共图书馆少年儿童服务质量要求（山西省临汾市地方标准）	2020-12-02
12	联合图书馆体系建设管理规范（广东省佛山市地方标准）	2021-12-28

续表

序号	标准名称	施行时间
13	图书馆总分馆制管理服务规范（河南省许昌市地方标准）	2022-07-01
14	公共图书馆阅读推广工作指南（浙江省绍兴市地方标准）	2022-10-15
15	邻里图书馆建设及服务规范（广东省佛山市地方标准）	2022-11-23

其中，《嘉兴市公共图书馆中心馆—总分馆服务体系建设管理规范》规定："中心馆、总馆是面向公众提供服务的区域公共图书馆，提供书刊借阅、参考咨询、政府信息服务、阅读推广、读者活动、讲座展览、数字服务、特殊人群服务、少儿服务、馆际互借与文献传递、读者培训等基本服务项目。应提供区域联动服务，促进全民阅读。"[①] 广州市地方标准《公共图书馆服务质量规范》规定："公共图书馆应积极开展阅读指导、读书交流、演讲诵读、公共文化交流、讲座展览等活动，推动全民阅读，市、区公共图书馆应在做好本馆活动推广的同时，通过联动开展活动、将本馆活动推广资源和服务推送并移植到基层分馆等方式，积极指导和帮助基层图书馆做好活动推广工作。"[②]

2017 年 4 月，山东东营市出台了《东营市"黄河口悦读书社"建设和服务规范》，这是全国首个社会力量参与图书馆总分馆制建设的服务标准。

参考案例

东营市"黄河口悦读书社"建设和服务规范（节选）

一、总则

（一）为贯彻落实文化部、新闻出版广电总局、体育总局、国家发展改革委、财政部《关于推进县级文化馆图书馆总分馆制建设的指导意见》

---

① 公共图书馆中心馆—总分馆服务体系建设管理规范［EB/OL］.［2023-05-14］.https://dbba.sacinfo.org.cn/attachment/downloadStdFile?pk=d198d459073adbfa043b01bab9e53b44a7a839712e7cc42035b61c8cf7f4ac7a.

② 公共图书馆服务质量规范［EB/OL］.［2021-05-30］.http://scjgj.gz.gov.cn/attachment/0/119/119233/6547412.pdf.

精神，加快推进黄河口悦读书社建设，提高公共文化服务能力和水平，根据《东营市"黄河口悦读书社"建设实施方案》（东文广新发〔2016〕64号），制定本规范。

（二）黄河口悦读书社是指由东营市和县区公共图书馆总馆或乡镇（街道）综合文化站分馆设立的，由机关企事业单位、个人等社会力量投资建设，或者社会力量以提供场所、设备、图书文献，配备管理服务人员等方式，依托自发组建的群众性阅读推广组织开展各类读者活动的分馆或服务点。

（三）黄河口悦读书社建设与服务除执行本规范外，还应遵守国家有关规定。

......

三、服务内容和方式

......

（二）阅读推广活动

1.阅读推荐

书社设立"好书推荐专柜"，及时向读者推荐优秀图书。书社依托阅读推广组织，为本书社、本组织读者制订阅读计划，开展好书推荐交流活动。

2.读者活动

书社每个阅读组织年举办各类读者活动（讲座、培训、展览、报告会、笔会、征文、演讲、书评会等读者沙龙和阅读推广活动）不少于12次。书社各阅读组织之间或书社之间每季度开展阅读交流活动不少于1次。书社参加图书馆总馆（分馆）举办的读者活动每年不少于2次。[①]

关于公共图书馆体系阅读推广联动的时间节点、方式，一般采取共同举办读书节（读书月）或"4·23"世界读书日活动的形式。例如，深圳于2010年底出台的《关于深入开展全民阅读活动、加快推进学习型城市建设的若干意

---

① 东营市文化广电新闻出版局关于印发《东营市"黄河口悦读书社"建设和服务规范》的通知［EB/OL］.［2023-05-14］.http://www.dongying.gov.cn/art/2017/4/27/art_88794_10306392.html.

见》（深发〔2010〕14号），提出了全市推进全民阅读的主要目标。各级图书馆主要围绕"4·23"世界读书日、深圳读书月、公共图书馆服务宣传周、外来青工文化节等重点节点联动开展活动[①]。2019年，上海市静安区颁布了《上海市静安区公共图书馆总分馆制建设实施方案》，其中提出："分馆严格遵守总馆管理和服务规范，开展业务建设、日常开放、员工培训、信息报送、阅读推广活动等。按照总馆部署积极参加世界读书日、市民文化节、全民阅读季、上海书展、公共图书馆服务宣传周等活动，每年开展阅读推广活动不少于20场。"[②] 2020年，《宁波市全民阅读促进条例》确定："每年4月份为宁波读书月，每年10月31日为书香宁波日。"[③] 2021年，宁波市通过"实施市县联动、社会融合，策划推出了300余项全民阅读推广活动，有形式多样、特色鲜明的主题论坛、演讲诵读、读书沙龙、图书展览、优秀读物推介、阅读品牌展示等，大力营造多读书、读好书、善读书的良好氛围"[④]。《广州市公共图书馆服务规范》第二十六条规定："公共图书馆应当结合'广州读书月'等全市性大型活动，以公众阅读需求为出发点，通过推荐优秀读物、组织读书会、开展阅读辅导等形式，组织开展全民阅读活动，面向社会公众倡导、推广阅读，重点培养青少年形成良好的阅读习惯。"[⑤] 该规范明确了全市图书馆体系应在4月广州读书月这一重要时间节点共同举办活动。此外，广州市《关于全面推进我市公共图书馆总分馆制建设的实施意见》针对公共图书馆服务体系阅读推广，在"具体任务"最后一点中明确要求"各级公共图书馆在'广州读书月''公共图书馆服务宣传周'等期间联动开展阅读推广活动。区域总馆统筹开展本区域内

① 张岩,王林.深圳模式——深圳"图书馆之城"探索与创新［M］.北京:中国社会科学出版社,2017:39-40.

② 关于印发《上海市静安区公共图书馆总分馆制建设实施方案》的通知［EB/OL］.［2023-07-07］. https://www.jingan.gov.cn/govxxgk/JB7/2019-06-06/dd8aa87c-37b0-4c1e-9136-a7ae0e0f534b.html.

③ 宁波市全民阅读促进条例［EB/OL］.［2023-05-14］. https://flk.npc.gov.cn/detail2.html?ZmY4MDgwODE2ZmJjNTdjMTAxNzA5YTZiN2ZlYTJhMTg.

④ 2021年宁波读书月启动［EB/OL］.［2022-01-24］. http://zj.people.com.cn/n2/2021/0402/c186938-34655578.html.

⑤ 广州市公共图书馆服务规范［EB/OL］.［2023-05-14］.https://www.gz.gov.cn/zwgk/zdly/shgysyjs/ggwhty/ggwh/content/mpost_3098951.html.

各项阅读推广活动"①。

但总体而言，公共图书馆服务体系阅读推广制度建设呈现出不同地区间差异较大、内容较为分散和粗放、与阅读推广蓬勃发展不相适应等情况，对于正在和将要开展体系阅读推广的地区来说，亟须制定具有适用性和实操性的体系阅读推广制度，以更好地推动本服务体系阅读推广的发展。

7.3.2　体系阅读推广制度内容构建的基本思路

如前所述，根据对全国 38 家公共图书馆的问卷调查显示，97.3% 的图书馆认为有必要制订服务体系阅读推广制度，但 59.46% 的公共图书馆未在服务体系建立阅读推广制度。可见，各馆对建立体系阅读推广制度的重要性充分认同，但是付诸实施的图书馆占比仅为 4 成。因此，应顺应新时代体系阅读推广服务发展的要求，系统全面地构建体系阅读推广制度。

（1）因地制宜

在体系阅读推广制度建设方面，究竟应该由政府还是中心馆来负责呢？《中华人民共和国公共图书馆法》第四和第五条已经明确了政府是公共图书馆的举办和管理主体，并且实现分级管理。同时，第四十七条规定"国务院文化主管部门和省、自治区、直辖市人民政府文化主管部门应当制定公共图书馆服务规范，对公共图书馆的服务质量和水平进行考核。考核应当吸收社会公众参与。考核结果应当向社会公布，并作为对公共图书馆给予补贴或者奖励等的依据。"② 可见，政府文化主管部门来牵头制定相应的公共图书馆服务规范责无旁贷。当然，在制度制定方面，除了发挥政府的主导作用外，还应发挥中心馆的统筹协调和业务指导作用，二者之间并不矛盾。以《广州市"图书馆之城"建设制度汇编（2015—2020）》③为例，该书籍一共列举了四类制度，分别包括法律法规、政策和规范性文件、地方标准和业务规范，具体见表 7-7。

---

① 关于全面推进我市公共图书馆总分馆制建设的实施意见［EB/OL］.［2021-05-30］.http://www.gz.gov.cn/zfjgzy/gzswhgdlyjyswhgdxwcbj/zdlyxxgk/ggwh/content/post_2992029.html.

② 中华人民共和国公共图书馆法［EB/OL］.［2021-05-30］. http://www.npc.gov.cn/npc/c12435/201811/3885276ceafc4ed788695e8c45c55dcc.shtml.

③ 方家忠.广州市"图书馆之城"建设制度汇编［G］.广州:广州出版社,2021:1-175.

表 7-7 广州市"图书馆之城"建设制度一览表

制度类别	制度或文件名称	颁布时间
法律法规	广州市公共图书馆条例	2015-01-22
政策和规范性文件	中共广州市委办公厅 广州市人民政府办公厅印发《广州市加快构建现代公共文化服务体系的实施意见》的通知	2016-10-13
	广州市文化广电新闻出版局关于印发《广州市"图书馆之城"建设规划（2015—2020）》的通知	2015-12-30
	广州市文化广电新闻出版局印发《关于全面推进我市公共图书馆总分馆制建设的实施意见》的通知	2018-07-10
	广州市文化广电新闻出版局关于印发《广州市公共图书馆服务规范》的通知	2017-01-09
	广州市文化广电新闻出版局关于印发《广州市公共图书馆第三方评估管理办法》的通知	2017-08-15
	广州市文化广电旅游局关于印发《广州市公共图书馆与社会力量合建分馆工作指引》的通知	2019-03-08
	广州市文化广电新闻出版局关于印发《广州市公共图书馆文献信息资源剔除规定》的通知	2017-03-07
	广州市文化广电新闻出版局关于公布我市公共图书馆统一标识的通知	2017-09-05
地方标准	《DB4401/T95—2020公共图书馆服务质量规范》《DB4401/T96—2020公共图书馆通借通还技术规范》	2020-09-29
业务规范	广州市公共图书馆馆长联席会议章程	—
	广州市公共图书馆业务统计工作规范	—
	广州市数字图书馆管理办法	—
	广州市公共图书馆统一借阅规则	—

其中《广州市公共图书馆条例》对"中心馆"的职责界定共有五项，包括："（一）负责全市公共图书馆业务的指导和协调；（二）负责制定和组织实施全市公共图书馆统一的业务标准和服务规范；（三）负责统筹全市公共图书馆通借通还服务网络、信息化管理系统和数字图书馆建设；（四）负责组织全

市公共图书馆工作人员专业化培训工作；（五）开展图书馆领域的国内外交流与合作。"[1] 而2021年4月颁布实施的《佛山市公共图书馆管理办法》对"中心馆"的职责界定达八项，与广州的内容相比，还新增了"负责联合各类主体推进本市全民阅读推广活动；组织对各区图书馆联合服务情况进行评估；建立并实施图书馆联合服务的数据统计规范，编制并发布联合图书馆年报"[2] 等内容。可见，佛山在推进本市全民阅读推广活动方面赋予了中心馆更大的职责。

由此可见，关于图书馆建设规划、总体性服务规范应由政府文化主管部门制定，普通的业务规范可以由中心馆来牵头制定，但为增强制度的权威性和执行力，如有必要可以通过政府文化主管部门来公布。中心馆在起草制度的过程中，可以通过共同讨论、征求意见等方式发挥区域总馆和分馆的参与作用。这既是为了体现制度制定的广泛参与性，也是为后续制度的执行打下良好的基础。

（2）全面规范

在大力推进全民阅读的新时代，统筹推进阅读推广活动至关重要。其中面临的一个重要问题是：制度规范的内容究竟应该是体系内的阅读推广活动还是体系性的阅读推广活动？

由前文可知，相关的规范指引都指向了体系性的阅读推广活动，主要包括读书日/读书节/读书月、服务体系品牌活动、服务宣传周等。《公共图书馆总分馆业务规范》中的"联合社会教育服务"提出，"总馆应在广泛征求分馆意见的前提下制定总分馆体系年度社会教育服务计划，每年统筹总分馆体系内各馆在'世界读书日''公共图书馆服务宣传周'等期间开展不少于2次联合社会教育服务"[3]。同时，该规范也提出了总馆应为分馆提供服务资源并负责项目策划和组织、提供活动方案范例，并对分馆工作人员进行针对性培训、定期实地考察分馆活动成效、建立总分馆体系联合社会教育活动协调机制等。但该

---

① 广州市公共图书馆条例［EB/OL］.［2023-05-14］. https://www.gzlib.org.cn/policiesRegulations/78168.jhtml.

② 佛山市公共图书馆管理办法［EB/OL］.［2023-05-14］. http://fssf.foshan.gov.cn/gkmlpt/content/4/4873/mmpost_4873535.html#240.

③ 公共图书馆总分馆业务规范［EB/OL］.［2023-05-14］.https://www.mct.gov.cn/whzx/zxgz/wlbzhgz/202009/W020200928523169377947.pdf.

规范主要是着眼于县（区）级单位，而非从市级中心馆层面进行规范。从目前服务体系的实践来看，除了读书日 / 读书节 / 读书月、品牌活动、服务宣传周等体系性的阅读推广活动外，体系内的大部分阅读推广活动基本是以各馆各自策划组织为主。制度规范的内容从体系性阅读推广过渡到体系内的阅读推广活动，不仅仅是一个字眼的变动，更重要的是体现体系阅读推广活动的规范性和统一性。由于各馆的人员专业素养、经费、资源等条件都存在不同，个别所谓的阅读推广活动还存在着不符合法律法规，以及不符合图书馆功能和定位的现象。事实上，这不但给所在馆带来负面影响，也给整个体系及地区带来负面影响。当前，社会上存在一些如过分夸大食疗或产品功效的伪科普现象，一些活动也存在价值和理念的误导，如宣传愚孝思想、女德思想、厚黑学、成功学等，图书馆不得为这些错误思想和言论提供传播的机会。

（3）明确定位

然而，同一城市不同地区的发展水平往往不平衡，特别是部分县区级区域总馆在阅读推广服务发展较为缓慢落后，而中心馆具有人才、资金和资源优势，往往承担了部分总馆的职能，能从更高层面统筹整个地区阅读推广服务发展，并在一定程度上解决基层图书馆面临的各种困难。"我国的基层图书馆并不应该一味地模仿西方发达国家阅读推广的定位，以防出现求大求全、眼高手低等现象，而可以考虑在现阶段将自己的阅读推广定位为生活化的、补充性的、需求型的。"① 因此，构建公共图书馆服务体系阅读推广制度，既要发挥中心馆的示范引领和指导协调角色，还要发挥县区级区域总馆在总分馆体系中的业务管理和统一协调作用。中心馆制定的体系阅读推广制度的覆盖范围涵盖中心馆直属分馆、市级少儿馆、各区域总馆三种类型，县区级总分馆体系内阅读推广活动的策划组织应由各区域总馆统筹。

中心馆的角色定位应包括总体规划、统筹协调、资源调配、支持指导、总体宣传推广五个方面，区域总馆在县区级总分馆体系内的角色定位可参考该内容。直属分馆、区域总馆、市级少儿馆应服从中心馆的总体安排，做到协同配合、错位发展、突出特色。中心馆的社会合作资源、创意资源、人才资源等可以向基层图书馆分享，中心馆的讲座、展览可以利用基层图书馆空间进行延

---

① 王余光.图书馆阅读推广研究［M］.北京：朝华出版社,2015:208-224.

伸，基层图书馆的重点活动也可以利用中心馆的资源和空间进行宣传推广。

7.3.3　体系阅读推广制度内容基本构成

（1）统一的基本规范

为全面规范公共图书馆服务体系内的阅读推广活动，应制定体系内阅读推广活动的基本规范和质量要求，包括阅读推广活动的对象、主题与内容、时间节点、活动营销宣传、活动方式、活动过程管理、社会合作指引、品牌建设与管理、读者满意度等。应根据体系中各馆的角色定位明确阅读推广活动的重点对象，根据人群和所在区域特点开展有针对性的阅读推广活动，把有限的资源集中在最有需要的人群。例如，个别图书馆举办类似"宠物课堂"的活动，若是作为某个科普系列活动之一尚可，若是作为一个常态化的活动品牌则值得商榷。其一，社会主体特别是市场主体能够完成的活动不应成为公共图书馆阅读推广活动发展的方向；其二，在公共图书馆资源和人力有限的情况下，应重点发展面向儿童等特殊人群的阅读推广活动。因此，一方面，建议公共图书馆从业人员应加强对 2023 年中国图书馆学会发布的《图书馆服务宣言》的学习，增强专业精神和专业能力；另一方面建议可通过制定"阅读推广活动负面清单"的方式规范体系阅读推广活动的发展。

参考案例

阅读推广活动负面清单

1. 违背党和国家的路线方针政策，损害国家利益，以及可能对国家安全、主权、领土完整造成危害的活动；

2. 宣扬邪教和封建迷信，破坏民族团结的活动；

3. 违背公序良俗、道德标准、法律法规，造成不良影响的活动，如存在低俗、媚俗、庸俗等不良倾向，宣扬消极厌世等不良价值导向；

4. 存在史实性、知识性、科学性错误的活动，如丑化历史和英雄人物；

5. 与存在污点或安全风险的国（境）内外机构、嘉宾合作举办活动；

6.与公共图书馆无关的商业经营活动；

7.质量低下、受众反映负面的活动；

8.活动中传播各类非法出版物，制造和散播谣言等有害信息；

9.活动中侮辱、诽谤他人，侵害其他个人和主体合法权益；

10.其他损害图书馆形象和公共文化安全的活动。

社会合作方面，无论是《中华人民共和国公共图书馆法》等法律要求，还是各地方政府的政策文件，都鼓励社会力量积极参与公共图书馆事业发展。可以说，"社会力量的参与是公共图书馆体系扩大服务范围、提升服务效能、增加办馆资源的重要途径。通过社会团体、社会机构、志愿者个人的参与，公共图书馆体系在人力、物力、资金等方面都得到有力支持，对于公共图书馆汇集多方资源、提高服务建设效率、提升服务能力、完善服务体系均有着重要影响"[1]。安徽省市场监督管理局2021年1月出台了《社会力量参与公共图书馆服务工作指南》（DB34/T 3878—2021）地方标准，其中列出了社会力量的参与方式包括政府购买服务、资本合作、志愿服务、其他方式[2]。政府购买服务即社会力量可通过政府购买服务方式参与公共图书馆服务；资本合作即社会力量可通过兴办实体、资助项目、赞助活动、提供产品和服务等方式参与公共图书馆服务；志愿服务即社会力量参与公共图书馆组织的文化培训、阅读推广、辅助管理等文化志愿服务；其他方式即社会力量以民营图书馆等其他方式参与公共图书馆服务。关于"服务内容—阅读推广活动"，该标准相关表述如下：

宜在工作中采取下列方式开展：

（a）通过编制书刊导读、阅读排行榜等方式，提升阅读服务品质；

（b）围绕重大活动、社会热点、重要节假日，开展主题阅读推广活动；

（c）顺应公众阅读方式变化，开展数字资源阅读推广服务；

① 广州图书馆,中山大学国家文化遗产与文化发展研究院.公共图书馆服务创新战略研究报告[M].北京:国家图书馆出版社,2021:102-102.

② 社会力量参与公共图书馆服务工作指南[EB/OL].[2023-05-14].https://ct.ah.gov.cn/group2/M00/00/D8/wKg8FGDVMB-ADURsAATlKVw1Ilw185.pdf.

（d）开展公益性讲座、展览、读书会等阅读推广活动，创建阅读服务品牌。

从业界的实践来看，目前佛山市图书馆的邻里图书馆项目构建的"图书馆＋家庭"的全民阅读服务体系产生了较大影响。2022年11月，佛山市市场监督管理局发布了《邻里图书馆建设及服务规范》（DB4406/T 19—2022）地方标准[①]。其中规定：

6.4 阅读推广

6.4.1 邻里图书馆应定期自主组织或配合联合图书馆体系开展阅读分享会、读书沙龙、文化培训等各类阅读推广活动，活动内容应符合法律法规要求。年开展活动场次不少于3场。

6.4.2 邻里图书馆应通过邻里图书馆软件系统发布阅读推广活动信息并接受读者在线报名。

6.4.3 邻里图书馆宜根据馆藏特色、人员特长、读者需求等开展系列特色活动，自主打造活动品牌。

在明确体系内阅读推广活动基本规范的基础上，体系内的阅读推广活动还应体现统一性和创新性。各馆应加强协同配合，具体形式包括活动联办、品牌联创、平台联建、资源协同、场地协同、宣传协同等。条件成熟的地区应形成具有地区特色的统一活动品牌，建设统一的阅读推广活动平台，实现统一报名、统一宣传、统一组织，最终形成具有地区特色的统一阅读推广活动年度报告。例如，山东省图书馆"依托省馆阅读品牌矩阵，通过建立文化赛事省市两级预决赛制、赛区制等组织形式，实现资源与模式输出、有效协作与全省联动"[②]。

（2）组织管理与联系协调制度

我国公共图书馆服务体系往往包含多个总分馆体系，分馆形态包括镇街或

---

① 佛山市邻里图书馆建设及服务规范［EB/OL］．［2023—05—14］．https://www.fslib.com.cn/site-fsunionlib/info/12110.

② 刘显世．构建新时代公共图书馆阅读推广体系［N］．新华书目报，2020—12—25（36）．

社区分馆（图书室）、服务点等，其中既有政府自建，也有与社会力量合作开办的图书馆。服务体系管理可通过分级管理、协议管理、行业管理、馆际协调、项目小组等多种形式来加强组织管理。

分级管理指的是中心馆和区域总馆一般分属于不同层级的行政主体管理，同时区域总馆又接受中心馆的业务指导和协调管理，中心馆和区域总馆各自负责管理所辖分馆。以广州的中心馆—总分馆管理体制为例，《广州市公共图书馆条例》规定："市人民政府设立的广州图书馆为全市公共图书馆的中心馆……市、区人民政府设立的少年儿童图书馆为中心馆、区域总馆的专业性分馆……区公共图书馆为区域总馆。"同时，该条例还规定中心馆"负责全市公共图书馆业务的指导和协调；负责制定和组织实施全市公共图书馆统一的业务标准和服务规范"，以及区域总馆"在中心馆的业务指导下负责所属分馆的统一管理"[①]。而中心馆（总馆）与社会力量兴建的分馆之间往往以协议的形式进行管理。

行业协会是公共图书馆服务体系层面重要的阅读推广组织管理机构，主要作用是对阅读推广活动进行专业指导，例如中国阅读学会、中国图书馆学会阅读推广委员会等。一般各级图书馆学会或协会都会下设若干委员会，阅读推广委员会是其中的重要组成部分。阅读推广委员会作为阅读推广的重要联动机制，负责对整个体系内的阅读推广活动进行指导、帮助与监督。从宏观上把握阅读推广的方向，制定阅读推广运行机制、反馈机制、评估机制、保障机制等规范化、标准化细则。协调解决体系内阅读推广联动的资金、场所、技术等方面的问题，同时督促体系内各图书馆对开展的阅读推广活动进行读者调查，并及时给予总结、评价，委员会还要对全市阅读推广活动进行研究，并把可行的研究成果应用到实践中。

馆际协调作为公共图书馆服务体系组织管理的重要形式，主要作用是解决大型阅读推广活动的联合决策问题。目前我国大部分地区的总分馆服务体系还不是完全意义上的总分馆制，虽然在部分地区总馆（中心馆）已经承担了总体管理和统筹协调的职责，但是总馆与分馆之间并没有严格的隶属关系，总馆只

---

① 广州市公共图书馆条例［EB/OL］.［2023-05-14］. https://www.gzlib.org.cn/policies
Regulations/78168.jhtml.

负责系统内各成员馆的资源共享和业务指导等，各馆拥有独立的场地、阅读资源、品牌活动，总馆在很多问题上无法对分馆直接行使决策权。因此，在开展大型阅读推广活动的决策过程中，宜采取馆长联席会议的方式。联席会议是馆际层面的阅读推广重要的组织管理制度，是指由服务体系中的各级图书馆馆长参加的会议，旨在加强体系内的中心馆或总馆对各图书馆及分馆的业务指导。馆长联席会议的成员均是体系内各个图书馆的主要负责人，全面掌握着体系内图书馆的管理及运营情况，对图书馆服务中存在的问题有比较清晰的认识，同时在整个体系内能够有效协调和调动各种资源，因此是一种极为有效的管理和协调机制。

项目小组或者工作小组一般负责公共图书馆服务体系阅读推广活动的具体策划、组织和实施。主要成员由各图书馆负责阅读推广的机构的成员构成，人员相对较固定，小组有比较明确的分工，有完善的工作机制，主要任务是在读书月等重要活动节点及其他重要节日联合策划、推出代表全市公共图书馆的统一阅读推广活动主题及其系列读者活动，通过图书馆阵地、各馆网站、微博、微信、广播、电视等方式进行全媒体宣传[①]，扩大图书馆的影响力。

参考案例

广州市公共图书馆与社会力量合建分馆合作协议（节选）

第二条　甲方的权利和义务

（四）甲方在分馆运营期间，将部分活动资源导入分馆举办，如公益讲座、展览、沙龙等。同时利用甲方自媒体加强分馆独立举办活动的宣传推广，加强分馆自有品牌建设。

第三条　乙方的权利和义务

（七）分馆在乙方管理下完成下列工作：

4.大力做好阅读推广工作，确保年读者到访量不少于×××人次。

---

① 王洋.深圳地区公共图书馆阅读推广联盟建设研究［J］.图书馆理论与实践,2016（9）:66-69.

不定期举办分馆阅读推广活动，每年组织开展活动不少于 12 次；配合甲方做好"广州读书月""公共图书馆服务宣传周"等各项阅读推广活动的开展及活动档案记录（包括活动内容、活动时间、参加人次等基本信息及详细的活动报道、活动影像等），及时向甲方报送活动情况。①

由于公共图书馆服务体系内各馆的关系与馆内以部门为架构的隶属关系不同，建立有效运作的联系协调机制可以增强馆际的沟通，加强资源的整合与共建共享，既有利于减少馆际的沟通成本，也有利于提升地区的整体活动策划水平与影响力。例如，《广州市加快构建现代公共文化服务体系的实施意见》规定："成立广州市公共文化服务体系建设协调组，研究决定公共文化服务体系建设的重大事项。协调组在市文化体制改革专项小组领导下开展工作，由市文化广电新闻出版局局长为召集人，市文广新局、市委宣传部、市编办、市教育局、市体育局等 19 个部门为成员单位。"《广州市"图书馆之城"建设规划（2015—2020）》中设计了市、区和图书馆三级协调机制。其中，市一级设广州市"图书馆之城"建设工作小组，协调组由副市长担任组长，成员由各政府职能部门领导组成；各区建立总分馆体系建设协调机制；中心馆负责全市公共图书馆业务的指导和协调。

参考案例

（佛山市）联合图书馆体系建设管理规范（节选）

9.1　管理机制

9.1.1　各级文化主管部门负责联合图书馆体系行政统筹，按照国家、省、市相关法律法规和政策方针，统筹协调推进各项重大工程、重大事项。

9.1.2　可成立专业委员会承担指导和协调联合图书馆业务的职责。专业委员会应定期召开工作会议协调推进体系各项重点项目和工作任务。

---

① 广州市公共图书馆与社会力量合建分馆工作指引［EB/OL］.［2023-05-14］.https://www.gzlib.org.cn/policiesRegulations/169768.jhtml.

9.1.3 中心馆应制定联合图书馆体系总体业务、运营和管理制度，区总馆应相应建立、完善和细化本区域的相关管理制度。具备条件的区宜探索总馆统一管理或以外派人员、挂职副馆长等形式参与管理各分馆。

9.2 协调机制

9.2.1 区总馆、分馆、基层服务点新增、撤销或搬迁实行分级审核、中心馆备案机制。

9.2.2 区总馆应建立辖区内分馆、基层服务点新增、撤销或搬迁的审核机制，并及时将相关资料向中心馆报备。

9.2.3 中心馆、区总馆、镇街分馆应建立三级联动机制，对联合图书馆体系的各图书馆实行常态化管理。[①]

另以湖北省图书馆品牌活动长江读书节为例，"长江读书节（在湖北省图书馆）设立办公室，负责活动期间各项事务的沟通和对接。全省百家公共图书馆分别确定联络人，主要负责联盟日常工作和实施落实各项方案的执行、阅读推广项目开展、考核评估、协调交流、平台维护等具体工作，成员馆以总体方案为指导，通过上级总体指导、平级部门相互融合合作，建立相互协作的联盟联动机制，创新阅读推广模式"[②]。

（3）多层次的审核制度

公共图书馆服务体系阅读推广制度的覆盖范围包括中心馆的直属分馆、市级少儿馆、各区域总馆三种类型。由于我国的公共图书馆服务体系存在不同的管理主体，既有不同层级的政府主体，也有公共图书馆的管理主体，并且其中也有松散型和统一型等不同的管理架构。审核制度的建立虽然不能脱离已经确立的管理模式，但需要体现图书馆行业或专业的管理属性。因此，中心馆对市级少儿馆和各区域总馆应重点审核年度活动计划，加强对体系内大型阅读推广活动的统一协调；中心馆对直属分馆与区域总馆对分馆的管理一致，不仅应针对年度活动计划，还应对每场活动的方案进行审核，包括活动组织机构、活动

---

① 联合图书馆体系建设管理规范［EB/OL］.［2023-05-14］.https://www.fslib.com.cn/site-fsunionlib/info/12256.

② 李丹.公共图书馆"互联网+"阅读推广模式创新研究——以长江读书节阅读推广品牌活动为例［D］.武汉：中南财经政法大学，2019：18.

嘉宾邀请、活动内容等方面。

审核原则应着重突出规范性和创新性。规范性是指活动应符合国家和地方有关法律法规和政策要求，以及中心馆（总馆）所确立的活动基本规范、相关制度和发展规划。创新性是指在活动策划组织过程中，应对活动的构成要素进行创新性设计、组合、组织和配置，吸引读者的积极广泛参与，形成较为鲜明的自身特色或区域特点。阅读推广活动的构成要素主要包括活动主体、活动对象、活动内容、活动方式、活动时间和活动地点等，可采取沉浸式体验、互动式推广，线上线下相结合、图书馆与社会合作等多种方式进行创新。

《中华人民共和国公共图书馆法》第四章第三十七条规定："公共图书馆不得从事或者允许其他组织、个人在馆内从事危害国家安全、损害社会公共利益和其他违反法律法规的活动"；第五章第五十条规定："公共图书馆及其工作人员有下列行为之一的，由文化主管部门责令改正，没收违法所得……（四）将设施设备场地用于与公共图书馆服务无关的商业经营活动"[①]。因此，阅读推广活动必须严把政治方向、价值导向和审美取向，守住文化安全的底线。

（4）业务统计与汇报制度

《公共图书馆总分馆业务规范》提出，"分馆应及时整理服务数据、照片等相关资料，定期上报至总馆"[②]。事实上，除分馆应向总馆上报业务统计数据外，区域总馆也有义务向中心馆报送。顾名思义，业务统计与汇报制度包含统计与汇报两个方面的内容。关于业务统计，应根据业务需要分月度/季度/半年度/年度定期统计活动举办情况，一般包括活动场次（含线上）、参加人次（含线上）、活动效果与反馈、社会合作情况、特色活动举办情况（照片/视频）、媒体报道情况等。关于业务汇报，一般分为常规汇报和定期汇报。常规汇报指在体系日常活动进行过程中，应建立统计台账，及时、真实、准确地统计并汇报重要活动信息或遇到的相关问题，以便中心馆（总馆）及时掌握并协调处理；而定期汇报指通过汇报材料或会议的形式汇报阶段性业务工作情况与成效。中心馆（总馆）通过对区域总馆（分馆）的业务统计与汇报情况进行

---

① 中华人民共和国公共图书馆法［EB/OL］.［2021-05-30］.http://www.npc.gov.cn/npc/c12435/201811/3885276ceafc4ed788695e8c45c55dcc.shtml.

② 公共图书馆总分馆业务规范［EB/OL］.［2023-05-14］.https://www.mct.gov.cn/whzx/zxgz/wlbzhgz/202009/W020200928523169377947.pdf.

统计与分析，及时跟踪发现体系阅读推广服务的进程和发展状况，以此激励先进，督促后进，推动体系阅读推广服务的均衡协调发展。相关的统计分析报告还是非常好的服务营销手段，既可用来向政府相关主管部门宣传公共图书馆服务体系推动全民阅读所取得的成绩，以争取更多的政策支持和保障，还可以用来赢得读者、志愿者、合作伙伴等社会各界的广泛支持。

参考案例

（佛山市）联合图书馆体系建设管理规范（节选）

9.11　信息报送

9.11.1　分馆应将本馆及下属基层服务点的月度基础业务数据、服务变动情况和紧急事件进行收集统计，及时报送至区总馆。

9.11.2　区总馆应将本馆及辖区内分馆、基层服务点的月度基础业务数据、服务变动情况和紧急事件进行收集汇总，及时报送至中心馆。

9.11.3　中心馆应将全市业务数据、服务变动情况和紧急事件等以月报、通知、公告等形式及时向联合图书馆体系从业人员和社会公众进行报告和公示。[①]

（5）分级培训制度

阅读推广活动的开展离不开一支专业化的人才队伍。阅读推广人应具备一定的专业知识和专业化能力，包括策划组织能力、沟通协调能力、营销宣传能力等，还有针对不同人群特点开展相应阅读推广活动的能力，如面对不同年龄阶段的儿童与青少年等特殊人群，应具备专业的阅读推广能力和技巧。然而，在公共图书馆服务体系中，专业化人才队伍水平参差不齐，特别是各基层图书馆的推广馆员往往缺乏图书馆学专业素养和阅读推广技能。所谓分级培训制度，既指中心馆负责全市各区域总馆及专业性分馆的培训，区域总馆负责所辖区域

---

① 联合图书馆体系建设管理规范［EB/OL］.［2023-05-14］.https://www.fslib.com.cn/site-fsunionlib/info/12256.

内的工作人员培训，也指针对不同的培训对象开展有针对性的培训的制度。培训形式包括入职培训、脱产培训、继续教育、交流培训等。交流培训可采取中心馆对区域总馆、区域总馆对分馆或者跨区域的交流培训，促进专业人才的快速成长。广州图书馆新馆开放后，曾接待贵州毕节市图书馆、广东清远市图书馆、广州市番禺区图书馆等各地图书馆的馆员前来培训，有效地推动了以政府主导、社会参与为主要特征的发展模式，促进了专业方法的复制和推广。培训内容可结合本地的实际情况和馆员的实际需求，一般应包括阅读推广理论与实践、阅读推广活动策划与组织、阅读推广活动基本规范、业务统计与分析、特殊人群的阅读推广技能、新媒体运营方法等。开展分级业务培训的目的是让馆员通过专业化的培训更新知识结构，快速提升工作技能，更好地完成岗位职责，最根本的目的是促进公共图书馆服务体系阅读推广水平的均等化发展。

2018年7月，广州公布的《关于全面推进我市公共图书馆总分馆制建设的实施意见》明确提出了"完善人才提升制度"，其中详细规定："规范业务培训，形成固定的、面向不同层次人才的定期培训制度。由市文化行政主管部门牵头投入，每年委托地方重点高校举办1次高级人才研修班，培养广州市公共图书馆总分馆建设的骨干人才；委托地方重点高校与广州市图书馆学会合作建立新入职人员培训机制，每年为全市公共图书馆新入职人员提供专业化培训。中心馆每年为图书馆从业人员提供不少于42学时的专业继续教育课程；区域总馆负责镇、街道图书馆从业人员的业务培训，每年提供不少于2次、12学时的培训课程。鼓励和支持各种用人形式的图书馆工作人员进行职称申报。"① 文化和旅游部发布的《公共图书馆总分馆业务规范》规定："总馆每年应组织至少2次针对分馆的固定集中培训，每次不低于12学时，平时按照需求及时进行专项培训。"② 因此，应结合相关规范并根据服务体系的实际情况建立常态化的分级培训制度。

（6）考评与激励制度

考评与激励是提高阅读推广工作质量的重要途径。然而，目前的考评制度

---

① 关于推进全面推进我市公共图书馆总分馆制建设的实施意见［EB/OL］.［2021-05-30］. http://www.gz.gov.cn/zfjgzy/gzswhgdlyjyswhgdxwcbj/zdlyxxgk/ggwh/content/post_2992029.html.

② 公共图书馆总分馆业务规范［EB/OL］.［2023-05-14］.https://www.mct.gov.cn/whzx/zxgz/wlbzhgz/202009/W020200928523169377947.pdf.

基本都以单馆内部考核为主，同时针对阅读推广活动的考评主要以活动场次、人次等简单指标来评估活动效益，还未建立起关于体系阅读推广的科学评价指标体系。《公共图书馆总分馆业务规范》对"统一考评"的工作内容和质量要求进行了详细论述，如考评办法应包括科学的定性和定量方法，应建立具有连续性的考评指标，指标设计应全面、准确，具有可操作性，并根据业务发展变化及时调整修订。2017 年，广州市出台了《广州市公共图书馆第三方评估管理办法》，对公共图书馆的设立、管理、服务、其他事项等内容委托第三方进行评估，可谓建立起了一种新型考评模式。

参考案例

广州市公共图书馆第三方评估管理办法（节选）

第十条　公共图书馆第三方评估按照以下程序开展：

（一）制定评估方案。第三方评估机构制定评估方案，并征求相关方面意见后报市文化行政主管部门审核同意。

（二）发布评估通知。市文化行政主管部门发布评估通知、方案及相关评估标准。评估标准在市文化行政主管部门网站公开。

（三）提供评估信息。被评估对象在规定时间内，如实向文化行政主管部门提供自我评估报告和涉及评估的相关资料。市级公共图书馆直接将自我评估报告和涉及评估的相关资料报送市文化行政管理部门，区图书馆将区和镇、街图书馆（分馆）的自我评估报告和涉及评估的相关资料报送区文化行政主管部门，由区文化行政主管部门统一报送至市文化行政主管部门。

（四）资料审核。第三方评估机构组织评估专家组按照第六条所列评估标准对被评估对象提交的自我评估报告和涉及评估的相关资料进行资料审核。资料审核未通过的被评估对象，第三方评估机构不再组织对其进行实地考核，评估结果直接视为不达标。

（五）实地考核。第三方评估机构组织评估专家组对通过资料审核的被评估对象进行实地考核。

（六）交付评估报告。第三方评估机构综合自我评估报告和实地考核结果，利用相关评估技术和方法开展分析研究，在约定时间内向市文化行政主管部门提交评估报告。

第十一条　市文化行政主管部门每两年组织一次公共图书馆第三方评估。

第十二条　评估结果分为示范、达标和不达标，总分在850分以上（含850分）以上为示范，总分在600分以上（含600分）以上到850分为达标，总分在600分以下为不达标。评估指标中的任一必备指标达不到最低要求者，评估结果直接视为不达标。市文化行政主管部门为示范图书馆和达标图书馆授牌。①

总之，考评制度应明确中心馆（总馆）对区域总馆（分馆）的考评内容、考评目标、考评标准、考评办法、结果公示和运用等。关于考评内容设置，需结合本地的实际情况，一般应包括读者活动场次完成情况、区域联动活动开展情况、活动组织和管理情况、业务统计与汇报情况、开展/接受业务培训情况等。无论是中心馆/总馆对区域总馆/分馆的直接考核，还是委托第三方进行定期评估，都是可以借鉴的方式。

关于激励的方法，既可分为物质性激励和精神性激励，也可分为激励先进和帮扶后进。精神性激励方式包括通报表彰、提供学习交流机会、评优评先激励、职称/岗位晋升激励等。通报表彰的形式包括统一发文、颁发证书、媒体/新媒体宣传等。2005年，东莞市颁布实施《东莞市建设图书馆之城实施方案》，作为该方案附件之一的《东莞市镇区图书馆建设标兵、先进、达标评选标准》包含了考评和激励两个层次，规定"标兵"须达到"全年举办读者活动（讲座、报告会、读者座谈、读书活动等）不少于12次"，"先进"则不少于9次，"达标"不少于6次②。这不失为一种可借鉴的思路和方法。2018年9月，佛山市文化广电新闻出版局发布了《成员馆绩效考核细则》（Q/FSUL TG

---

①　广州市公共图书馆第三方评估管理办法［EB/OL］.［2023-05-14］.https://www.gzlib.org.cn/policiesRegulations/201307.jhtml.

②　国家图书馆研究院.公共图书馆服务体系的探索与实践——东莞调研报告［M］.北京：国家图书馆出版社,2012:245-246.

05 006—2018）^①，其中对绩效考核的"奖惩措施"制定如下：

9.1 年度绩效考核名次排列前三位的给予奖励，连续三年排名居前三位的，可获得以下奖励：

——荣获"优秀成员馆"称号；

——考核后三年内，优先获得由佛山市文化广电新闻出版局及市、区图书馆组织的国内图书馆相关专业学习、培训的机会，每年1—2次。

——考核后三年内，获得由佛山市图书馆提供的技术资源（设备与技术指导）、文献资源、阅读推广活动资源（策划、联合、指导等）方面的政策倾斜性奖励支持。

9.2 年度绩效考核名次排列末位三名的将对其提出整改意见和警示，连续两年位居最后三位，且未达到协议要求的，将按协议规定，取消其成员馆资格。

在帮扶后进方面，《广州市"图书馆之城"建设五年行动计划（2022—2026）》提出，加强中心馆、区域总馆的"扶弱"职责，为资源匮乏、服务效益较低的基层分馆提供资源支持和业务指导。对公共图书馆服务体系阅读推广表现较为后进的基层分馆，中心馆和区域总馆应定期对其进行组织考察分析，对下一年度服务体系阅读推广工作计划进行调整，解决其在服务体系阅读推广运营中遇到的问题。

参考案例

广州市"图书馆之城"建设五年行动计划（节选）

实施资源激活计划。依托区域总馆，通过服务下沉、资源巡回等方式，加强流动服务、自助服务和数字服务，建立区级讲座资源调配、展览

---

① 佛山市联合图书馆.成员馆绩效考核细则［EB/OL］.［2023-05-14］.https://www.fslib.com.cn/site-fsunionlib/info/12241.

资源巡回机制。

> 实施强优扶弱计划。将培育和发展区域分馆的情况作为中心馆和区域总馆的主要考核指标之一。加强中心馆、区域总馆的"扶弱"职责，为资源匮乏、服务效益较低的区域分馆提供资源支持和业务指导；对表现优秀、效益突出或进步较大的区域分馆给予奖励。[①]

因此，应结合相关规范建立科学合理的考评与激励制度，并将考评结果在一定范围内公开，真正发挥制度的约束性和激励性作用，真正达到以评促建、以评促管的目的。

（7）运营制度

目前，在公共图书馆服务体系联合开展阅读推广项目时，根据中心馆、区域总馆和分馆各自的角色定位，形成的阅读推广运营模式主要有自上而下运营、自下而上运营以及平行运营三种。应针对不同运营模式的特点，构建相应的制度内容，做到有的放矢，可以保障公共图书馆服务体系阅读推广的持续规范化发展，通过服务体系让阅读推广释放出更大的服务效能。

①自上而下运营制度

公共图书馆服务体系阅读推广的自上而下运营是指阅读推广项目由中心馆或区域总馆主导，向基层分馆自上而下、层层落实开展的模式。相关运营制度应明确中心馆或区域总馆负责指导支持、引领示范、策划组织、资源提供等职责，分馆负责协同落实、积极配合等职责。如《公共图书馆总分馆业务规范》规定："（总馆应）制定总分馆体系社会教育服务年度计划……总馆可以为分馆提供服务资源并负责项目策划与组织……总馆应为分馆提供活动方案范例并对分馆工作人员进行针对性培训。"[②]另如，《广州市公共图书馆第三方评估管理办法》针对广州图书馆、广州少年儿童图书馆、区级图书馆、镇街图书馆等四类图书馆在"阅读推广与社会教育"方面设置了不同的考核指标。针对广州图书馆的考核内容包括组织公众活动（次 / 年）、每万人年均参与活动次数、书

---

① 广州市"图书馆之城"建设五年行动计划（2022—2026）［EB/OL］.［2023-04-26］. http://wglj.gz.gov.cn/xxgk/gzdt/tzgsgg/content/post_8467154.html.

② 中华人民共和国文化和旅游部.公共图书馆总分馆业务规范［EB/OL］.［2023-05-14］. https://www.mct.gov.cn/whzx/zxgz/wlbzhgz/202009/W020200928523169377947.pdf.

刊宣传、活动宣传（含对"广州读书月"的媒体宣传工作）；针对广州少年儿童图书馆的考核内容包括阅读推广活动形式、年均举办用户活动场次、书刊宣传、品牌活动、活动宣传（含对"广州读书月"的媒体宣传工作）、图书馆宣传；针对区级图书馆的考核内容包括年均组织公众活动次数、广州读书月期间开展阅读宣传推广工作；针对镇街图书馆的考核内容包括年用户活动场次、年用户活动人次[①]。由此可见，该考核指标自上而下，既强调了各馆在阅读推广与社会教育方面所承担的任务，又凸显了在广州读书月期间共同承担的活动组织责任。

②自下而上运营制度

公共图书馆服务体系阅读推广自下而上运营模式特点是给予基层所主导的特色阅读推广项目支持与鼓励，通过区域总馆甚至中心馆的协助，将项目不断地向上拓展，挖掘并激发服务体系阅读推广的基层创新积极性和活力。相关运营制度应明确中心馆或区域总馆负责优秀阅读推广方案征集、联合主办分馆活动、总结推广优秀案例、提供场地或宣传资源支持等职责，分馆负责活动策划主导、案例提供等职责。如2021年，由广州图书馆出版的《广州市"图书馆之城"建设案例汇编》搜集了各馆在服务体系建设、服务创新、阅读推广等方面的优秀案例，其中优秀阅读推广案例分为大众阅读推广、少儿阅读推广、特殊人群阅读推广，涵盖广州图书馆、广州少年儿童图书馆、黄埔区图书馆等2个市级馆、5个区级馆的15个案例[②]。

③平行运营制度

平行运营模式的特点是联合开展阅读推广项目的主体之间没有严格的隶属关系，各主体在开展活动过程中享有更大的灵活性和自主权，项目主体包括图书馆或由图书馆运营的阅读推广项目策划方。如，由广州图书馆牵头成立的广州公益阅读创投项目，其成员之间可以联合策划组织阅读推广活动。2023年5月，同为广州公益阅读创投项目的"弘毅书舍·手语读书活动"项目和"传奇书社·读书分享会×百日读书计划"项目在广州市珠江公园联合开展"探寻古典文学与大自然之美"主题活动，由弘毅书舍负责活动的整体策划与宣传，

---

① 方家忠.广州市"图书馆之城"建设制度汇编［M］.广州：广州出版社,2021:45-72.

② 方家忠.广州市"图书馆之城"建设案例汇编［M］.广州：中山大学出版社,2021:1-3.

传奇书社负责场地协调以及阅读环节的具体组织与分享。佛山市图书馆的"邻里图书馆"项目以家庭为单位，以邻里关系为枢纽开展阅读活动，构建了"图书馆＋社会力量"的阅读推广模式。其中不乏邻里图书馆项目之间共同开展阅读活动，如"'好友营'带着'心阅川流''遇见幸福''永无岛''铭阳'等几个邻里图书馆，在佛山市内的禅城区深村小学、南海区星儿特殊学校、大沥镇实验小学等地开展阅读支教活动"①。因此，相关运营制度应根据项目主体或合作活动的具体情况，规范联合开展活动的管理机制、审核流程、协议签订等内容，协议中应明确合作双方或多方的责任与义务，促进联动阅读推广项目的可持续发展。

---

① 佛山市图书馆.邻里图书馆实践案例｜跨"阅"千里 书写传奇——好友营［EB/OL］.［2023-08-24］.https://mp.weixin.qq.com/s/EdCSH6P5a-Vl_Dx3Bep62g.

8 阅读推广活动相关文件参考范例

8.1 调查问卷

公共图书馆阅读推广制度调查问卷（图书馆填写）

单位名称：＿＿＿＿＿＿＿＿＿＿＿＿＿＿＿＿＿

根据您的理解进行勾选 ☑

一、基本情况

1. 贵馆属于以下哪种类型公共图书馆：

A. 省级   B. 副省级   C. 地市级   D. 区县级

E. 乡镇（街道）级   F. 村（社区）级

2. 贵馆在服务体系中扮演的角色：

A. 总馆（中心馆）   B. 分馆

二、单馆阅读推广制度

3. 您认为是否有必要制定阅读推广制度：

A. 是   B. 否

4. 贵馆是否有阅读推广相关制度（若选择"否"，直接跳转第 8 题）：

A. 是，何时制定：＿＿＿＿＿＿＿＿   B. 否

5. 贵馆的阅读推广制度是否包含服务体系的阅读推广管理方面的内容：

A. 是   B. 否

6. 贵馆的阅读推广相关制度主要内容包括（多选题）：

A. 内容管理　　　B. 馆员管理　　　C. 读者管理　　　D. 场地管理

E. 安全管理　　　F. 经费管理　　　G. 宣传管理

其他（可补充）＿＿＿＿＿＿＿＿＿＿＿＿＿＿＿＿＿＿

7. 贵馆的阅读推广相关制度执行效果如何：

A. 好　　　　　　B. 较好　　　　　C. 一般　　　　　D. 较差

E. 差

8. 您认为贵馆的阅读推广相关制度在哪些方面有待加强？

＿＿＿＿＿＿＿＿＿＿＿＿＿＿＿＿＿＿＿＿＿＿＿＿＿＿＿＿＿＿＿＿＿

＿＿＿＿＿＿＿＿＿＿＿＿＿＿＿＿＿＿＿＿＿＿＿＿＿＿＿＿＿＿＿＿＿

＿＿＿＿＿＿＿＿＿＿＿＿＿＿＿＿＿＿＿＿＿＿＿＿＿＿＿＿＿＿＿＿＿

三、服务体系层面的阅读推广制度

9. 贵馆是否已在服务体系层面开展阅读推广活动（若选择"否"，直接跳转第 16 题）：

A. 是　　　　　　　　　　　B. 否

10. 贵馆所在的服务体系开展的阅读推广活动主要有哪些（多选题）：

A. 4·23 世界读书日活动　　　B. 图书馆服务宣传周活动

C. 读书月活动　　　　　　　D. 巡回讲座

E. 巡回展览　　　　　　　　F. 服务体系品牌活动

G. 其他（可补充）＿＿＿＿＿＿＿＿

11. 您认为是否有必要制定公共图书馆服务体系的阅读推广制度：

A. 是　　　　　　　　　　　B. 否

12. 贵馆所在的服务体系是否建立了阅读推广制度（若选择"否"，直接跳转第 16 题）：

A. 是，具体包含哪些内容：＿＿＿＿＿＿＿＿＿＿＿＿＿＿＿＿

＿＿＿＿＿＿＿＿＿＿＿＿＿＿＿＿＿＿＿＿＿＿＿＿＿＿＿＿＿＿＿＿＿

＿＿＿＿＿＿＿＿＿＿＿＿＿＿＿＿＿＿＿＿＿＿＿＿＿＿＿＿＿＿＿＿＿

B. 否

13. 贵馆所在的服务体系是否有总分馆共同参与的专门负责阅读推广的协调小组：

A. 是　　　　　　B. 否　　　　　　C. 不清楚

14. 贵馆如已加入专门负责体系层面的阅读推广工作小组，目前有哪些机制（多选题）：

A. 联络机制　　　　　　　　B. 汇报机制

C. 审核机制　　　　　　　　D. 培训与考评机制

F. 其他（可补充）_____

15. 贵馆所在的服务体系若建立了阅读推广制度，您认为体系层面的阅读推广制度在哪些方面有待加强（多选题）？

A. 总分馆统筹协调制度　　　　B. 活动经费保障制度

C. 人员培训制度　　　　　　　D. 绩效考评制度

F. 阅读推广所需物资（如展品、活动道具、活动资料等）的保管、使用及运输制度

G. 其他（可补充）

16. 贵馆所在的服务体系若未建立阅读推广制度，您认为体系层面的阅读推广制度应该要考虑哪些方面的内容（多选题）？

A. 总分馆统筹协调制度　　　　B. 活动经费保障制度

C. 人员培训制度　　　　　　　D. 绩效考评制度

F. 阅读推广所需物资（如展品、活动道具、活动资料等）的保管、使用及运输制度

G. 其他（可补充）

17. 贵馆的名称：

_____

公共图书馆阅读推广调查问卷（读者填写）

请您根据实际情况进行勾选 ☑

一、现状调研

1. 您是通过什么途径了解到公共图书馆活动（多选题）：

①微信　　　　②微博　　　　③网站　　　　④朋友推荐

⑤电视　　　　⑥报纸

⑦其他（可补充）＿＿＿＿＿＿＿＿＿＿＿＿＿＿＿＿

2. 您参加过公共图书馆哪些类型的活动（多选题）：

①讲座　　　　②阅读沙龙　　③诗歌朗诵　　④手工艺活动

⑤音乐表演　　⑥技能培训　　⑦电影展播　　⑧儿童故事会

⑨科普创客　　⑩展览

⑪ 其他（可补充）＿＿＿＿＿＿＿＿＿＿＿＿＿＿

3. 您认为公共图书馆活动对您及家人的最大的益处是（多选题）：

①丰富知识　　　　　　②养成良好的阅读习惯

③培养独立思考能力　　④有助于职业发展

⑤增进阅读量　　　　　⑥促进家庭关系

⑦缓解精神压力　　　　⑧结交朋友

⑨开阔视野　　　　　　⑩提升专注力

⑪ 其他（可补充）＿＿＿＿＿＿＿＿＿＿＿＿＿＿

4. 影响您参加活动的因素主要包括（多选题）：

①活动主题及形式是否具有吸引力

②参加活动是否便捷

③活动环境是否舒适

④组织者是否专业

⑤宣传是否到位

⑥ 其他（可补充）＿＿＿＿＿＿＿＿＿＿＿＿＿＿

5. 您对图书馆品牌活动的满意度为：（请按照满意度打分，1 分非常不满

意，2分不满意，3分基本满意，4分满意，5分非常满意）

活动主题内容	○ 1	○ 2	○ 3	○ 4	○ 5
活动开展形式	○ 1	○ 2	○ 3	○ 4	○ 5
活动参加便捷性	○ 1	○ 2	○ 3	○ 4	○ 5
活动组织能力	○ 1	○ 2	○ 3	○ 4	○ 5
活动宣传力度	○ 1	○ 2	○ 3	○ 4	○ 5
活动的互动性	○ 1	○ 2	○ 3	○ 4	○ 5
活动现场氛围	○ 1	○ 2	○ 3	○ 4	○ 5
总体满意度	○ 1	○ 2	○ 3	○ 4	○ 5

6. 您对公共图书馆活动有什么改进建议？

_____

_____

_____

二、基本情况

以下是个人信息收集部分，我们保证为您的个人情况保密，请如实填写，您的填写对我们非常重要。

7. 您的性别：

①男　　　　　　　　　②女

8. 您的年龄段：

① 20 岁及以下　② 21—30 岁　③ 31—40 岁　④ 41—50 岁

⑤ 50 岁以上

9. 您的文化程度：

①初中及以下　②中专或者高中　③大专　　　　④本科

⑤研究生及以上

10. 您的身份（职业）：

①学生　　　　②事业单位人员（如教师、医生、律师、科研人员等）

③公务员　　　④企业员工　　⑤自由职业者　　⑥外来务工人员

⑦农民　　　　⑧离退休人员　⑨其他

公共图书馆阅读推广体系建设现状调查问卷

单位名称：_____

一、基本情况

1.本区域公共图书馆总分馆基本情况（截至 2020 年底）：_____

_____

（备注：如 xx 个中央图书馆，xx 个分馆；或者 xx 个市级图书馆，xx 个区级图书馆，xx 个街镇级图书馆，xx 个社区级图书馆）

2.本区域公共图书馆全年举办的阅读推广活动的情况（2019 年度或 2020 年度数据）：

年度本区域举办的读者活动 _____ 场次（其中线上 _____ 场次，线下 _____ 场次），参与 _____ 人次（其中线上 _____ 人次，线下 _____ 人次）。

3.本区域举办的全域范围的读书节活动有哪些（如广州读书月、深圳读书月）：_____

_____

二、组织、策划与宣传

4.本区域是否设有类似专门负责阅读推广服务体系协调的工作小组（单选题）：

A.是　　　　　　　　　　　　B.否

5.若有设立或计划设立，阅读推广服务体系的协调工作小组的具体名称是：_____

该协调工作小组共有 _____ 名成员，成员来自哪里：_____

该协调工作小组的负责人由谁担任：_____

该协调工作小组是否为常设机构（单选题）：A.是　　　B.否

该协调工作小组有哪些职能：_____

6.本区域公共图书馆在服务体系层面的阅读推广活动采用过哪些策划形式

（按策划内容分工划分类型）（多选题）：

    A. 总馆主策划活动内容，分馆配合，阅读推广活动在总分馆均有举办（主次分工关系）；

       该形式活动的经费由谁承担：_____

    B. 总馆与分馆共同策划活动内容，阅读推广活动在总分馆均有举办（均衡分工关系）；

       该形式活动的经费由谁承担：_____

    C. 活动内容策划完全由总馆负责，阅读推广活动在总分馆均有举办（完全由总馆负责）；

       该形式活动的经费由谁承担：_____

    D. 活动内容策划完全由分馆负责，阅读推广活动在总分馆均有举办（完全由分馆负责）；

       该形式活动的经费由谁承担：_____

    E. 其他（可补充）_____

       该形式活动的经费由谁承担：_____

    7. 本区域公共图书馆在服务体系层面的阅读推广活动采用过哪些宣传途径（多选题）：

    A. 微信   B. 微博   C. 官网   D. 抖音

    E. 宣传册子   F. 报刊   G. 电视   H. 电台

    I. 海报   J. 其他网站   K：其他（可补充）_____

    8. 本区域公共图书馆在服务体系层面的阅读推广活动有哪些配套的衍生产品（多选题）：

    A. 文创产品   B. 学术成果（论文、专著等）

    C. 活动汇编出版物   D. 活动视频光盘

    E. 其他（可补充）_____

三、运行

    9. 本区域若设有类似专门负责阅读推广服务体系协调的工作小组，目前有哪些机制（多选题）：

    A. 联络机制   B. 汇报机制   C. 审核机制   D. 培训机制

E. 考评机制

F. 其他（可补充）_____

10. 针对本区域公共图书馆在服务体系层面举办阅读推广活动，是否建立了联络机制（单选题）：

A. 是   B. 否

11. 本区域公共图书馆在服务体系层面举办阅读推广活动，采用哪些联络途径（多选题）：

A. 会议   B. 电话

C. QQ 群或微信群   D. 其他（可补充）_____

12. 联络会议召开的频率（多选题）：

A. 每月至少 1 次   B. 每季度 1—2 次

C. 半年 1 次   D.1 年 1 次

E. 其他（可补充）_____

13. 联络会议讨论的内容：_____

_____

14. 针对本区域公共图书馆在服务体系层面举办阅读推广活动，是否建立了汇报机制（单选题）：

A. 是   B. 否

15. 汇报的内容包括（多选题）：

A. 活动计划   B. 活动总结

C. 活动情况（场次、人次、图片）   D. 活动突发情况

E. 需要协调的事宜   F. 其他（可补充）_____

16. 本区域公共图书馆在服务体系层面举办阅读推广活动，采用哪些汇报途径（多选题）：

A. 会议   B. 电话

C.QQ 群或微信群   D. 其他（可补充）_____

17. 针对本区域公共图书馆在服务体系层面举办阅读推广活动，是否建立了审核机制（单选题）：

A. 是   B. 否

18. 是否有审核标准（单选题）：

A. 是   B. 否

19. 审核的标准包括：＿＿＿＿＿＿＿＿＿＿＿＿＿＿＿
＿＿＿＿＿＿＿＿＿＿＿＿＿＿＿＿＿＿＿＿＿＿＿＿＿＿＿＿

20. 针对本区域公共图书馆在服务体系层面举办阅读推广活动，是否建立了培训机制（单选题）：

A. 是   B. 否

21. 培训授课老师来自（多选题）：

A. 政府人员   B. 总馆工作人员

C. 分馆工作人员   D. 高校老师

E. 培训机构老师   F. 其他（可补充）＿＿＿＿＿＿＿

22. 培训的对象包括（多选题）：

A. 总馆工作人员   B. 街镇级分馆工作人员

C. 社区（村）级分馆工作人员   D. 志愿者

E. 其他（可补充）＿＿＿＿＿＿＿＿＿

23. 培训的内容有哪些：＿＿＿＿＿＿＿＿＿＿＿＿＿＿＿＿
＿＿＿＿＿＿＿＿＿＿＿＿＿＿＿＿＿＿＿＿＿＿＿＿＿＿＿＿

24. 培训的频率（多选题）：

A. 每月至少 1 次   B. 每季度 1—2 次

C. 半年 1 次   D. 1 年 1 次

E. 其他（可补充）＿＿＿＿＿＿＿

25. 针对本区域公共图书馆在服务体系层面举办阅读推广活动，是否建立了考评机制（单选题）：

A. 是   B. 否

26. 考评人员构成（多选题）：

A. 政府人员   B. 专家学者

C. 总馆工作人员   D. 分馆工作人员

E. 其他（可补充）＿＿＿＿＿＿＿

27. 考评项目的内容包括（多选题）：

A. 活动情况（场次、人次）

B. 活动宣传力度

C. 活动组织情况

D. 活动影响与效果（线上传播、媒体报道、读者反馈等）

E. 服务体系内合作举办活动的场次

F. 其他（可补充）_____

28. 是否对考评中表现优秀的公共图书馆进行奖励（单选题）：

A. 是   B. 否

29. 奖励的形式包括（多选题）：

A. 颁发奖金 / 物品   B. 增加下一年度经费投入

C. 通报表彰   D. 颁发证书 / 奖杯 / 牌匾

E. 其他（可补充）_____

30. 对考评中表现差的公共图书馆采取的措施有（多选题）：

A. 通报批评   B. 约谈提醒

C. 激励帮扶   D. 其他（可补充）_____

31. 本区域公共图书馆在服务体系层面举办阅读推广活动，有哪些合作伙伴参与其中：

_____

_____

32. 上述的合作伙伴对服务体系层面举办阅读推广活动有哪些促进作用：

_____

_____

8.2　制度参考文本

公共图书馆阅读推广活动管理办法
（制度参考样本）

为进一步加强 ×××图书馆（以下简称"本馆"）阅读推广活动的规范化管理，促进阅读推广服务专业化发展，依据 ×××，制定本办法。

第一章　总则

第一条　本办法适用于本馆所举办的所有阅读推广活动，包括但不限于讲座、展览、培训、竞赛等形式。

第二条　由本馆主办或者借本馆场地举办的活动应当坚持正确的价值导向，不违反国家法律法规，不违反社会道德规范。

第二章　阅读推广活动的规划与策划

第三条　阅读推广应作为本馆业务管理的重要内容纳入本馆战略规划或专项规划，并对阅读推广的目标、实现路径和保障条件等进行系统的顶层设计。

第四条　阅读推广活动按年度计划开展，各部门应在上一年年底前向 ×××部门报送年度重要活动计划和经费预算，并由 ×××部门汇总、评估后统一提交馆部审批；未纳入年度计划的活动、新增的活动、部门常规的活动应遵循"先报批后举办"的原则，由相关业务部门向分管领导报批后方可进行。

第五条　阅读推广活动的策划应坚持公益性、学术性、时效性、互动性、导向性和大众性原则，充分考虑不同服务对象和服务方式的特点，活动的策划应包括需求调研、确定目标、确定主题、确定活动类型、撰写策划方案等。

第三章　阅读推广活动的组织与实施

第六条　×××部门作为本馆阅读推广活动管理的责任部门，负责制订和执行全年阅读推广活动计划和经费预算，统筹管理全馆阅读推广活动相关工作。

第七条 ×××部门负责阅读推广活动的日常统筹、协调、组织工作，各部门应积极支持已列入全馆计划的各项阅读推广活动，同时按照自身职责举办与资源、主题、服务对象等有关的活动。

第八条 全馆应成立阅读推广活动沟通联络小组，成员由各部门相关工作人员构成，联络组定期召开例会，参与策划全馆读者活动，落实相关工作，及时解决出现的问题。联络组成员应定期向阅读推广活动统筹部门报送活动信息、活动统计、活动总结、沟通情况等。

第九条 各部门应对阅读推广活动实施全过程进行管理，包括活动策划、活动准备、活动实施、活动统计与资料归档、总结评估等。

第四章 阅读推广活动的保障与支持

第十条 本馆应建立阅读推广人才专项计划、合理设置阅读推广岗位，通过组织专业培训、行业交流、学术研讨等方式加强馆内阅读推广人才的选拔和培养。

第十一条 本馆应鼓励探索建立符合本馆实际的阅读推广人制度，为阅读推广人才的成长创造有利条件。

第十二条 阅读推广活动的经费应有专项预算，经费的使用坚持"效益导向"原则，经费支出坚持"专款专用"和"先审后支"原则。

第十三条 ×××部门负责全馆物资的采购与管理，×××部门负责阅读推广相关物资的统筹管理。

第十四条 本馆应根据活动的主办机构、性质、规模、受众等情况建立相应的管理机制，制定突发事件应急预案，严格执行馆内安全管理相关制度。×××部门是安全管理的负责部门，负责对阅读推广活动进行风险评估，并有权对存在安全隐患的活动提出调整或中止意见。

第十五条 各部门应加强阅读推广活动的宣传，活动宣传应遵循公开、真实、生动、积极主动原则，活动前后应充分利用线上线下各种渠道，传统媒体和新媒体等各种手段进行宣传营销，扩大活动的知晓度和影响力。

第五章　阅读推广活动的反馈与评估

第十六条　各部门应在活动结束后做好活动数据的收集分析和活动资料的归档等工作，及时总结活动经验教训、评估活动效果，结合读者、合作伙伴等方面的有关意见，不断改进并提升活动质量。

第十七条　全馆性的大型活动或重点活动的反馈评估应由×××部门负责，小型活动和部门常规活动的反馈评估由活动举办部门负责。

第十八条　应根据活动的不同特点，从管理绩效、经济绩效、社会绩效、生态绩效和可持续发展绩效等角度，对活动进行评估。

第十九条　评估的结果可作为活动成绩、人员绩效、人员激励等的重要参考。

附则

第二十一条　本办法的解释权归×××。

第二十二条　本办法自××××年××月起施行。

公共图书馆阅读推广活动内容管理办法
（制度参考样本）

为进一步加强×××图书馆（以下简称"本馆"）阅读推广活动内容的规范管理，促进阅读推广服务专业化发展，依据×××，制定本办法。

第一章　总则

第一条　本办法适用于本馆所举办的所有阅读推广活动，包括但不限于讲座、展览、培训、竞赛等形式。

第二条　本馆举办的活动主题和内容应符合我国宪法和法律的要求，符合社会主义核心价值观，符合社会公序良俗，不得举办违反我国法律法规、政策文件等要求的活动。

第三条　活动主题和内容应遵循整体规划、分类设计、系统协调的原则，并建立相应的统筹协调机制贯彻实施。

第二章　活动内容的发现与获取

第四条　本馆应对公众和社会需求开展调查研究，从个体、社区和政府三个层面把握图书馆所在地区的需求和特点，以调查分析结果为基础策划举办活动。

第五条　应制定对需求进行科学调研的方法、程序及指引，持续收集读者活动意见和建议，调整完善活动的主题与内容。

第三章　活动内容的选择与评估

第六条　举办的活动主题和内容应与公共图书馆的功能与使命相一致，符合本馆规划设定的目标及年度计划工作的重点和要求，需要在国家、地方、行业相关法律、法规、指南、标准指导下，根据图书馆所在城市实际制定普遍与特色兼具的活动目标和定位。

第七条　应对活动内容涉及的主题和领域进一步细化明确，确定重点领域及优先级关系，以便面对不同活动内容进行评估和选择时有一个相对明确的评判标准；对活动内容禁止的主题和领域需要进行明确，从制度设计上排除活动内容可能存在的潜在风险。

第四章　活动内容的统筹与协调

第八条　应对活动内容主题进行有机整合，建立同主题不同形式内容的整合办法，活动主题和内容应与本馆馆藏、空间和设施设备等资源和服务有机结合，最大限度发挥活动与公共图书馆资源、服务的协同作用。

第九条　活动主题和内容应与上级主管部门、本馆所在社区相关活动密切关联，以便扩大活动范围和影响，进一步宣传图书馆，带动图书馆资源和服务的使用。

第五章　活动内容的审核与监督

第十条　活动主题和内容应按流程要求规范审核，明确活动内容的审批程序和层级，保证阅读推广活动内容符合国家相关法律法规、政策文件等要求。

第十一条　对于阅读与非阅读类活动分别建立相应的专业评审制度，成立活动审核委员会，对馆员与嘉宾提供的活动内容进行评审，确保活动内容的质量。

第六章　活动内容的保存与再利用

第十二条　本馆应界定活动内容不同级别，针对重点、优质活动内容，明确保存和再利用的方法、措施及相应人财物的投入和保障；与活动嘉宾、合作方等就活动内容授权签订协议，明确活动内容均符合相关法律法规，图书馆可以在一定范围内进行公益传播与出版。

第十三条　对于全部活动内容资料做好归档管理，活动负责人、活动负责部门需对日志管理、活动方案、活动总结、宣传通稿、照片等档案资料进行归档保存。

附则

第十四条　本办法的解释权归 × × ×。

第十五条　本办法自 × × × 起施行。

公共图书馆阅读推广馆员管理办法
（制度参考样本）

为进一步规范×××图书馆（以下简称"本馆"）阅读推广馆员工作，促进阅读推广服务专业化发展，依据×××，制定本办法。

第一章　总则

第一条　本办法是本馆阅读推广的行为主体（从事阅读推广工作的馆员、在本馆开展公益服务的社会阅读推广人等相关者）在实施阅读推广行为过程中应共同遵守的行为准则。

第二条　本办法适用于本馆从事阅读推广工作的馆员，为阅读推广馆员指引工作方向、规范其职业行为。对于在本馆服务的社会阅读推广人，可参照本办法制定相关的管理办法。

第三条　从事阅读推广工作的馆员或在本馆开展公益服务的所有社会阅读推广人，应当坚持正确的政治方向和价值导向，不得违反国家法律法规，不得违反社会道德规范。

第二章　职业精神与专业素养

第四条　具备公共图书馆和公共文化服务的职业道德、价值观和基本原则，爱岗敬业，服务社会，认同、承担面向个人和社会的责任。

第五条　致力于塑造包容的、多元的文化价值，自觉维护公众自由平等获取知识信息的权利。

第六条　依据《中华人民共和国个人信息保护法》《中华人民共和国未成年人保护法》等相关法规，保护读者个人信息，特别是未成年人和特殊人群的个人信息。

第三章　知识与技能

第七条　读者服务能力。应具备读者服务的专业知识与技能，能够与读者开展有效的沟通交流，准确解答读者咨询，回应读者的服务需求，规范收集读者意见与投诉处理以及帮助读者解决疑难问题等。

第八条 文献信息采选能力。应掌握文献信息的服务现状和建设发展方向，具备图书推荐、书评撰写的专业能力。根据阅读推广服务情况，为馆藏建设提供决策贡献。

第九条 多学科知识能力。应具备与图书馆资源、服务、活动相关的知识面和多学科专业背景，含社会学、教育学、艺术学、文学、历史学等相关学科专业知识。

第十条 对象服务能力。为一般社会公众、未成年人、老年人、残障人士以及外来务工人员等对象，开展符合其阅读需求的阅读推广活动，并通过创新阅读推广服务内容和形式响应其服务需求的变化。

第十一条 交流组织能力。应根据社会需求发展，组织各种资源为社会公众开展阅读推广服务，实现服务绩效目标。

第十二条 组织管理能力。应根据活动方案，做好阅读推广活动的策划组织工作，包括主办机构、活动背景、主题、时间地点、内容、形式、组织架构、人员分工、进度安排和应急预案等，具备应变组织能力，以保障阅读推广活动的顺利开展。

第十三条 研究创新能力。应结合工作实践开展理论研究工作，把握业界、学界动态和研究热点，掌握科学的研究方法，具备理论结合实际解决问题的能力，根据服务需求推动服务创新与深化。

第十四条 终身学习能力。通过持续学习以适应工作要求的变化，对工作进行总结提升，主动进行自我职业成长规划。

第四章 考评与培育

第十五条 本馆应对负责统筹、组织管理和活动执行等不同工作岗位的阅读推广馆员进行考评。从事阅读推广统筹工作的馆员，应充分发挥主持或指导阅读推广工作的作用；从事阅读推广组织管理工作的馆员，应充分发挥组织和管理阅读推广项目的作用；从事阅读推广活动执行工作的馆员，应执行完成阅读推广活动 ××× 场，满意度测评结果应不低于 ××%。

第十六条 本馆应坚持实施针对阅读推广馆员的培训教育计划，阅读推广馆员应按质按量完成培训教育的安排，并把所学知识运用到工作实践中。

附则

第十七条　本办法的解释权归 ×××。

第十八条　本办法自 ×××× 年 ×× 月 ×× 日起施行。

公共图书馆阅读推广读者服务管理办法
（制度参考样本）

为进一步规范×××图书馆（以下简称"本馆"）阅读推广读者服务工作，促进阅读推广服务专业化发展，依据**，制定本办法。

第一章　总则

第一条　本办法致力于保障读者权利，尊重读者需求，规范读者行为，以促进阅读推广服务专业化发展。

第二条　本办法适用于本馆范围的所有阅读推广活动，包括但不限于讲座、展览、培训、竞赛等形式。

第二章　人群与服务

第三条　本馆应利用公共图书馆资源，为读者提供文献推荐、主题讲座、主题展览、读书会、读者培训、阅读比赛等阅读推广活动，以激发读者阅读兴趣，培养读者阅读习惯，提升读者阅读水平，满足读者阅读需求。

第四条　本馆应考虑未成年人、老年人、残障人士、外来人群等特殊人群的阅读需求，为他们提供阅读推广服务。

（一）应针对婴幼儿、学前儿童、学龄期儿童等不同群体开展分龄阅读推广服务，包括读书会、亲子共读、朗诵、艺术表演、讲故事大赛、知识竞答、辩论赛、展览、研学游、家长沙龙等活动，可适当对家长进行亲子阅读指导培训。

（二）应为老年人提供适龄阅读推广服务，包括保健教育、文化艺术活动、数字化素养培训、阅读俱乐部、口述历史活动、代际阅读活动等活动，并考虑道路宽敞、障碍排除、辅助设备配置、照明完备等助老因素。

（三）应量身为残障人士提供无障碍阅读推广服务，包括读书分享会、音乐表演、诗歌朗诵、数字化素养培训等活动。在开展阅读推广服务时，应配备助残设施设备以满足残障人士的出入需求。适当提高数字阅读在残疾人阅读中的应用比重。

（四）应关注外来人群的生活融入、文化融入、语言融入、技能成长等，为外来务工人员提供通识教育、就业与技能提升渠道、社会保障指引、依法维权等内容的阅读推广服务，为外国人士提供中文学习培训、文化交流活动等阅读推广服务。

第三章　读者权益

第五条　本馆应通过数字媒体、实体海报等方式及时对阅读推广活动进行公示，包括活动的主题、时间、地点、内容等信息，以便读者了解并参加。遇到突发情况，应及时向公众发布公告。

第六条　本馆应邀请读者参与阅读推广活动的策划、组织和推广等环节，激发读者的创造性和参与性。

第七条　本馆应加强个人信息保护措施，不得泄露参加阅读推广活动读者的个人隐私信息，明确规定参加阅读推广活动的读者信息仅限于阅读推广活动内部使用，并严格保密，不得随意透露或用于其他商业用途。

第八条　本馆应广泛征求读者的建议和意见。通过公开监督电话、开设投诉渠道、设立读者意见簿等多渠道方式开展线上线下监督，接受读者意见或投诉。通过微信公众号、读者座谈会、调查问卷等多种方式，获取读者对阅读推广活动的关注度、参与度、满意度等方面的意见与建议。每年至少进行 1 次读者满意度调查，可自行或委托第三方开展，并根据读者的建议与意见对阅读推广服务工作进行整改。

第九条　本馆可适当对积极参与阅读推广活动的读者给予物质或精神上的奖励，以带动更多读者参与阅读推广。

附则

第十条　本办法的解释权归 ×××。

第十一条　本办法自 ×××× 年 ×× 月 ×× 日起施行。

公共图书馆阅读推广活动空间管理办法
（制度参考样本）

为进一步规范×××图书馆（以下简称"本馆"）阅读推广活动空间管理，促进知识、信息和文化交流，现结合本馆实际制定阅读推广活动空间管理规范如下：

第一章　总则

第一条　本规范适用于本馆范围内的所有阅读推广活动空间，包括公共活动空间（如报告厅、展览厅、多功能室等）和主题活动空间（故事空间、影音空间、创客空间、玩具室等）。

第二条　空间管理坚持"谁主管、谁负责，属地管理"的原则，实行综合治理。公共活动空间由文化活动部主要管理，物业管理部和安全保卫部配合管理，主题活动空间由所在部门管理。

第三条　空间管理和运营要做到安全第一、秩序良好、氛围和谐。所有空间的举办活动不得干扰本馆正常服务，确有必要在开放型空间举办活动需提前做好公众告示和现场围蔽，活动时长控制在2小时以内，音量宜小于60分贝。

第二章　过程管理

第四条　社会使用方主办的活动（含社会公益申请、借用、租赁）均需通过审批，签订协议和签署《消防安全承诺书》，并交纳场地押金方可举办。做好主办方资质、活动方案、平面图、用电图、物料等材料的提前审核，加强设备设施的提前检查，请使用方签署《场地检查表》并认真阅读注意事项。

第五条　活动中工作人员应全程跟进，要确保活动主题、内容、嘉宾、形式等与方案一致，参与人数符合安全要求，活动现场无出现违反法律法规和协议、无出现商业宣传推广、无妨碍图书馆其他服务或活动正常开展等情况，必要时做好现场摄影或录像记录，维护好本馆和公众的正当权益及服务秩序。

第六条　活动后应确保活动空间恢复原状，物料出场须请对接部门签名确认后方可离馆；做好设备设施检查与维护，如有损坏及时与场地使用方联系并签名确认，使用方照价赔偿后方可退回场地押金。

第三章 安全管理

第七条 安全管理贯彻"以人为本、安全第一、预防为主"的方针，构建"人防""物防""技防"并重的防护体系。根据活动性质、活动规模和重要程度等建立相应管理机制，大型综合性活动或重要活动应严格安全审批和检查，并根据需要制定突发事件应急预案。一般小型活动应做好安全管理和应急处置措施。

第八条 实施"网格化"安全管理，网格安全员为网格第一责任人，履行网格内安全巡查及隐患排查整治等职责。网格安全员应加强与保安人员协调联动，协助做好信息报告、秩序维护、疏散指引、突发事件处置等工作。科学设定安全考核指标，严格落实安全"一票否决"制度。

第九条 活动前、活动中和活动后应加强活动安全检查，重点检查人员安全、消防安全、信息传播安全、意识形态安全等。发现隐患及时提出整改，并将检查情况通报及记录存档。

第四章 绩效评估管理

第十条 为有效发挥绩效评估的导向、激励与监督反馈作用，提升图书馆的管理水平与服务质量，使资源得到最优配置，每半年开展一次包括绩效评价和成效评价在内的绩效评估管理。由空间管辖部门负责绩效评估，并向办公室提交绩效评估报告。

第十一条 每次活动结束后，活动部门通过自动化或手工的方式做好空间业务数据的搜集整理，确保数据及时准确。

第十二条 绩效评价应计算空间投入和产出的比率，投入包括硬件投入、物业运行费用投入、人力投入等，其中硬件投入可以根据硬件的固定资产总值按使用年限折算每年投入，物业运行费用包括水电费和物业管理费，人力投入包括图书馆编制内人员投入和物业人员投入。空间产出效益参考相关标准，可根据条件价值评估法进行评估。

第十三条 成效评价需统计空间使用情况和效率、公众对空间服务的满意度等指标。空间使用情况和效率包括空间所产生的活动场次和人次、已使用场次占全部可用场次的比率、为特殊群体服务情况等。公众对空间服务的满意度测评以选择"基本满意"和"满意"的人数占调查总人数的比例计算，满意度测评结果应不低于85%。对回收的满意度调查情况应进行分析，针对薄弱环节提出整改意见。调查数据应系统整理，建档保存。

附则

第十四条　本办法的解释权归 ×××。

第十五条　本办法自 ×××× 年 ×× 月 ×× 日起施行。

附：空间使用礼仪规范

1.参加活动的读者应提前入场，不得占座，原则上谢绝中途入场；

2.活动开始后，请勿来回走动，请保持安静并将手机调至关闭或静音状态，严禁进食、大声交谈、打电话等不文明行为，禁止使用闪光灯拍摄；

3.活动现场，请尊重知识产权，未经允许不得现场直播、全程录制活动视频甚至用于商业用途；

4.如携带 6 岁以下儿童参加非儿童类公众讲座，请注意维持现场良好的听讲秩序，如对他人造成干扰，工作人员将有权劝离；

5.活动现场欢迎读者积极参与互动，理性发言。

公共图书馆阅读推广活动空间政策
（制度参考样本）

一、目的

本政策是为了规范本馆阅读推广活动空间的使用，促进社会交流，致力于将本馆建设成为知识平台、学习平台、文化平台和交流平台。

二、范围

本政策适用于本馆范围内的所有阅读推广活动空间，包括公共活动空间（如报告厅、展览厅、多功能室等）和主题活动空间（故事空间、影音空间、创客空间、玩具室等）。

三、使用形式

1. 自用及社会合作使用

本馆范围内的所有阅读推广活动空间以自用为主，同时欢迎读者、社会机构与本馆合作举办阅读推广活动，须符合本馆发展规划和活动品牌建设总体规划要求，具体合作领域包括群体服务活动，如儿童阅读推广、残障群体阅读推广、外来务工人员阅读推广；文化服务活动，如中华优秀传统文化及本土文化推广、"我们的节日"特色活动、品牌讲座及展览、读书会等。社会合作项目坚持以我为主，重点拓展战略合作、中长期合作和多层次合作项目。

2. 社会公益申请使用

社会公益申请使用原则上面向个体和非营利性机构，申请活动为在公共活动空间举办的、面向社会公众免费开放的展览、讲座、培训、阅读推广等，对面向残障人士、未成年人、老年人、生活困难群体、外地务工人员等特殊群体举办的公益慈善活动优先予以保障。提前申请时间依据空间而定，如展览厅需至少提前半年，报告厅需提前三个月，多功能室需提前一个月，具体以空间实际使用情况为准。本馆将邀请专家组成咨询委员会对申请活动进行专业、中立、公平、公正的审核，重点审核活动性质、与本馆功能和服务的相关度、活动的质量和水平、活动安全风险等，本馆将结合专家审核意见择优统筹安排。

3. 借用

根据有关管理规定，借用仅面向政府主管部门和公益一类事业单位，借用范围仅限公共活动空间的报告厅和多功能室，相关借用以公文（函）为准。本馆将在综合考量空间使用情况、活动性质、活动影响等因素基础上，报上级部门审批。

4. 租赁

本馆的公共活动空间面向社会提供租赁服务，主要以周一至周五的非公众活动时间为主，最长租赁期不超过 30 天。具体以空间实际使用情况为准。租赁价格和租赁方式以具体的场地使用协议为准。

四、使用原则

1. 所有空间举办的活动应遵守国家相关法律、法规，不得举办与公共图书馆服务无关的商业经营活动，不得干扰图书馆正常的服务及活动，租赁活动不得利用公共活动空间对公众开展商业营销。所有现场活动均须与原申请方案保持一致，否则本馆将根据协议追究使用方法律责任。

2. 自用及社会合作使用、社会公益申请活动面向所有公众开放，借用和租赁活动主要针对活动受邀对象，无特别申明则不对公众开放。

3. 所有空间举办的活动将根据活动性质和规模有人数、年龄、语言等要求。十二岁以下未成年人参加活动需征得监护人同意并陪同。

五、免责声明

1. 嘉宾在活动空间中所发表的意见不代表图书馆立场。

2. 非图书馆主办但在图书馆活动空间举办的活动由活动主办方承担一切责任。

公共图书馆服务体系阅读推广管理办法
（制度参考样本）

为进一步规范 ×××公共图书馆服务体系阅读推广服务工作，促进阅读推广服务均等化发展，现结合工作实际制定本办法。

第一章　总则

第一条　本办法是公共图书馆服务体系阅读推广的行为主体（包括单馆、馆员、阅读推广人等）在实施阅读推广行为过程中应共同遵守的、按一定程序操作的规程或行动准则，其目的是使服务体系的阅读推广活动得以协同有序进行。

第二条　中心馆（总馆）在服务体系阅读推广活动中承担总体规划、统筹协调、资源调配、支持指导、总体宣传推广等职责，各区域总馆、专业性分馆承担融合发展、协同发展、错位发展等职责。

第三条　本办法适用于服务体系内的各级公共图书馆举办的阅读推广活动。区域总馆可参照本办法制定所在区域总分馆体系阅读推广的管理办法。

第二章　组织与管理

第四条　公共图书馆中心馆（总馆）应建立阅读推广服务协调机制（如工作小组、联席会议等），统筹体系性阅读推广活动的方案制定、活动审核、资料收集、宣传推广、培训考核、激励表彰等工作，并视情况对特色阅读推广活动给予经费支持。

第五条　服务体系内各级公共图书馆在举办阅读推广活动前应制定相应的策划方案。各区域总馆、专业性分馆应向中心馆提交年度活动计划，以促进体系性阅读推广活动的统一协调；直属分馆向中心馆、分馆向区域总馆除提交年度活动计划外，还应提前提交每场活动的策划方案。

第六条　年度活动计划或策划方案的内容应包含但不限于活动目的、活动主题、组织主体、邀请嘉宾、参与对象、活动时间、活动地点、活动内容、活动流程、注意事项、资金来源及经费预算等要素，内容应切合实际、便于实施。

第七条　中心馆（总馆）应定期开展工作会议，对服务体系内阅读推广活动审核情况、多馆合作活动策划与分工落实情况、活动开展情况、人员培训、活动总结、突发情况处理等进行讨论，工作会议应有明确的会议召集方式。

第八条　中心馆（总馆）审核通过后，活动主办馆应加强内容管理、过程管理和合作管理，严密活动组织体系，做到安全有序、氛围良好。

第九条　直属分馆应在活动结束后 5 个工作日内将活动数据（含活动日期、内容、方式、场次、人次）、照片（视频）、活动报道（媒体、自媒体）、读者反馈意见等信息报送给区域总馆。区域总馆、专业性分馆每月汇总上报基础服务数据（含活动数据、活动报道、社会合作及资源投入），每半年提交活动总结和分析报告给中心馆（总馆）。如遇紧急事件，活动需变更或取消等，应第一时间向中心馆（总馆）汇报。

第十条　中心馆（总馆）应将服务体系内的阅读推广活动业务数据、开展情况和紧急事件等以月报、公告等形式及时向体系内从业人员和社会公众进行报告和公示。

第十一条　中心馆（总馆）应定期组织业务培训，提升阅读推广人的组织策划、读者分析、阅读指导、活动宣传等能力。中心馆负责各区域总馆、专业性分馆、直属分馆工作人员的培训，区域总馆负责所辖区域内工作人员的培训，培训形式包括但不限于入职培训、脱产培训、实践交流等。

第三章　服务内容与方式

第十二条　阅读推广活动内容应坚持正确的政治方向和价值取向，应符合法律法规要求。服务体系内各级公共图书馆应依据服务人群特点、推广形式、地方特色、文献资源等选择优质活动主题。

第十三条　阅读推广活动应重点保障少年儿童、老年人、残障人士、外来人群等群体的阅读需求，开展符合其特点的阅读活动。如针对婴幼儿、学前儿童、学龄期儿童等不同儿童群体及其监护人开展分龄阅读推广服务，为老年人提供适龄阅读推广服务，为残障人士提供无障碍阅读推广服务，为外来人群提供文化融入等方面的阅读推广服务。

第十四条　阅读推广活动方式包括但不限于阅读指导、读书交流、演讲诵读、图书互换共享、讲座、展览、培训等，旨在激发读者阅读兴趣，培养读者阅读习惯，提升读者阅读水平，满足读者阅读需求。

第十五条　各馆独立或与馆外机构联合在线上或线下举办的阅读推广活动均计入活动场次，并应采取措施提高活动参加人次和参与度。

第四章　运营与保障

第十六条　体系性阅读推广应通过活动联办、品牌联创、平台联建、资源协同、场地协同、宣传协同的方式加强合作。中心馆（总馆）在做好本馆活动推广的同时，通过联动开展活动、将本馆活动推广资源和服务推送并移植到区域总馆或分馆等方式，积极指导和帮助基层图书馆做好活动推广工作。

第十七条　服务体系内各级公共图书馆应结合实际积极推广实施中心馆（总馆）主导型、分馆主导型、平行交流型等多种阅读推广运营模式。

在中心馆（总馆）主导型运营模式中，中心馆（总馆）应承担项目组织与指导的责任，向分馆传达体系性阅读推广活动策划方案细节，指导分馆开展活动、落实具体推广任务，为分馆提供诸如馆藏资源、人力资源、社会合作资源、展览资源等阅读推广资源。

在分馆主导型运营模式中，分馆在中心馆（总馆）的指导下负责阅读推广策划方案的制定，中心馆（总馆）应提供实践和理论上的支持指导。

平行交流型运营模式中，服务体系内各级公共图书馆应以自愿为原则共同开展体系性的阅读推广活动。

第十八条　体系性的阅读推广活动应结合世界读书日、读书月、读书节、图书馆服务宣传周、重大节庆活动等联动开展。服务体系内的各级公共图书馆应结合馆藏优势、服务特色、空间环境、地域文化等因素，创设具有区域特色的阅读推广品牌。

第十九条　服务体系内各级公共图书馆应通过媒体、网站、宣传资料、宣传栏及其他现代化手段，加强对外宣传和推广，邀请、吸引读者参与和互动，推动全民阅读。

第二十条　服务体系内各级公共图书馆应建立联合宣传矩阵，促进传统媒体、新媒体、互联网等不同平台相互融通，构建联动宣传格局。

第二十一条　鼓励政府机构、企事业单位、行业协会、社会公益组织等社会力量参与支持活动开展，或合作开展与图书馆功能和服务相关的交流活动，合作开展的活动须对公众免费开放，不得举办与图书馆功能和服务无关的商业经营活动。

第二十二条　服务体系内各级公共图书馆可以向社会组织购买阅读推广服务，吸纳社会组织参与公共图书馆阅读推广服务的运营与管理。公共图书馆购买服务应当以提升阅读推广服务效能为目标。

第二十三条　服务体系内各级公共图书馆应当建立常态化志愿服务机制，加强与志愿服务组织的合作，根据需要组织志愿者参与公共图书馆阅读推广服务工作。

第二十四条　中心馆（总馆）可为服务体系内的特色阅读推广活动提供一定的经费支持。经费使用坚持效益优先的原则，并适当向老年人、青少年和残障人士等特殊群体倾斜。

第五章　考评与激励

第二十五条　服务体系内的阅读推广考评主要包括活动效能、活动管理、体系联动等内容。活动效能重点考核活动场次、活动参与人次等；活动管理重点考核活动策划、活动组织与实施、突发事件管理、读者满意度等；体系联动重点考核联动活动开展情况、业务培训参与度、业务信息报送情况等。

第二十六条　次年读书月开展组织单位评选表彰活动，分别评选出"活动标兵""活动先进""活动达标"单位。其中区域总馆、专业性分馆、直属分馆的"活动标兵"全年举办读者活动分别不少于×××场次，"活动先进"每年分别不少于×××场次，"活动达标"每年分别不少于×××场次。

第二十七条　次年读书月同步开展服务体系优秀阅读推广人评选表彰工作，明确优秀阅读推广人评选的标准、评选的程序、奖励方式等内容。

第二十八条　年度绩效考核排名前列的"活动标兵"馆将在考核后三年内优先获得中心馆（总馆）相关交流学习机会，优先获得中心馆（总馆）提供的技术资源、文献资源、阅读推广活动资源方面的政策倾斜性奖励支持。年度绩效考核名次排列末位的将对其提出优化意见。连续两年位居末位，且未达到协议要求的分馆将按协议规定，取消其成员馆资格。

第六章　读者权益

第二十九条　服务体系内各级公共图书馆应加强个人信息保护措施，明确规定参加阅读推广活动的读者信息仅限阅读推广活动内部使用，因接触而知悉的所有读者个人信息、活动信息和其他工作秘密等，不得以任何方式泄露、告知、发布、出版、传授、转让。

第三十条　服务体系内各级公共图书馆应广泛征求读者的建议和意见，应通过公开监督电话、开设投诉渠道、设置读者意见簿等多种渠道、方式开展线上线下监督，接受读者意见或投诉，在 × 个工作日内回复；应通过微信公众号、读者座谈会、调查问卷等多种途径，获取读者对阅读推广活动的关注度、参与度、满意度以及相关的意见与建议。服务体系内各级公共图书馆应每年至少进行 1 次读者满意度调查，可自行或委托第三方开展，并根据读者的建议与意见对阅读推广服务工作进行优化。